T4-AGI-184

INTRODUCTION

Thank you for buying this puzzle book.

In this book you will find 100 word search puzzles with a different theme on each page.

Word puzzles are a great way to encourage learning away from the screen.

You will find the solutions at the back of the book.

Puzzles are known to extend vocabulary, help with spelling and encourage problem solving amongst other great benefits.

Have lots of fun solving!

Liliana Robins

HOW TO PLAY

In a word search puzzle, you will need to locate the words placed in a grid of random letters.

Words appear in any direction from

1. Left to Right $\longrightarrow$

2. Right to Left $\longleftarrow$

3. Top to Bottom $\downarrow$

4. Bottom to Top $\uparrow$

5. Diagonally $\nwarrow$ $\searrow$

WORD SEARCH PUZZLES

MUSIC

```
X  J  R  E  W  B  U  C  B  O  T  H  N  Q  Q
P  I  M  Y  L  Q  M  M  C  A  G  Y  R  N  X
T  W  N  Y  T  B  D  E  E  S  N  Y  K  H  R
B  V  X  N  S  D  E  B  L  A  C  D  U  A  R
L  V  L  O  D  H  A  R  C  O  S  A  X  M  M
A  H  I  M  H  S  A  J  T  L  D  U  L  R  A
C  I  N  R  S  M  V  R  F  Z  J  Y  R  E  G
B  M  S  A  M  D  A  H  P  H  D  H  H  E  I
I  A  T  H  D  H  Z  T  V  G  B  Z  F  T  H
A  Z  R  H  Y  B  T  E  S  G  Q  E  F  Z  K
U  O  U  S  G  L  K  Y  S  E  H  K  A  J  N
X  N  M  E  X  X  I  F  H  C  R  S  T  T  L
S  K  E  T  K  M  T  N  T  R  Y  F  S  W  B
N  R  N  O  Z  V  U  I  E  F  D  T  G  F  C
E  I  T  N  U  A  P  W  T  S  S  I  V  S  N
```

BAND	INSTRUMENT	NOTES	SCALE
BASS	LINES	PITCH	SHARP
BEAT	MEASURE	REST	STAFF
HARMONY	MELODY	RHYTHM	TREBLE

GARDENING TOOLS

```
T  S  S  S  E  E  D  S  T  W  P  S  A  A  I
O  V  H  P  H  U  J  T  D  A  R  O  L  W  C
N  Y  Y  O  R  E  P  R  E  T  O  I  A  L  W
O  E  G  V  V  A  A  C  X  E  O  L  W  D  H
F  O  B  D  J  E  Y  R  G  R  A  Z  N  G  E
M  D  O  X  R  H  L  E  S  I  F  E  M  T  E
M  U  O  U  J  A  B  H  R  N  E  V  O  R  L
I  U  T  X  B  D  K  V  B  G  S  Q  W  O  B
F  Z  S  J  T  K  E  E  X  C  O  K  E  W  A
L  X  D  S  P  A  D  E  O  A  H  R  R  E  R
E  H  K  T  B  D  J  X  T  N  L  A  P  L  R
N  F  E  R  T  I  L  I  Z  E  R  C  P  H  O
X  J  T  B  M  D  C  O  G  B  S  O  A  D  W
E  H  D  A  D  F  N  D  Y  S  E  V  O  L  G
K  Z  K  U  I  H  U  I  R  L  A  D  D  E  R
```

BOOTS	LADDER	SHEARS	SPRAYER
FERTILIZER	LAWNMOWER	SHOVEL	TROWEL
GLOVES	RAKE	SOIL	WATERING CAN
HOSE	SEEDS	SPADE	WHEELBARROW

CAMPFIRE

```
P  K  O  R  J  O  W  S  S  R  O  H  E  B  O
O  A  C  U  A  C  U  L  S  G  Z  K  G  U  N
E  Y  O  G  B  H  S  E  Q  T  O  M  K  Q  S
F  A  M  H  E  X  I  E  Y  M  O  D  O  C  B
W  K  P  M  H  V  H  P  S  A  E  R  T  E  F
I  V  A  H  X  F  T  I  D  R  A  T  I  O  E
L  F  S  B  B  D  R  N  N  S  X  E  S  E  H
D  A  S  X  O  W  A  G  U  H  T  K  A  S  S
E  V  K  O  N  O  I  B  J  M  E  N  N  Q  V
R  K  W  K  F  T  L  A  A  A  N  A  A  P  R
N  I  J  S  I  D  E  G  Y  L  T  L  N  R  E
E  M  G  T  R  D  R  N  G  L  A  B  R  I  G
S  A  B  S  E  Q  E  H  Y  O  X  J  K  V  N
S  K  T  R  K  Y  B  W  I  W  H  F  R  E  A
N  K  V  V  N  I  P  O  U  T  D  O  O  R  R
```

BLANKET	KAYAK	RIVER	TENT
BONFIRE	MARSHMALLOW	SLEEPING BAG	TRAILER
COMPASS	OUTDOOR	SMOKE	WILDERNESS
HOT DOGS	RANGER	STORIES	WOOD

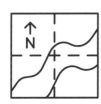

ICE CREAM SHOP

```
Q O H B F S M M S H X L J Q M
T D W M B A P U R Y S C T Q G
W E I S Q L Z R S E T O A D K
V P H P E T I H V J K T Z R Z
H P C R R E T O Y R T T H Z H
S I R I F D N T R A O O B F F
S H U N D C I F R I P N B R L
U W N K S A M U E N P C U E O
N F R L C R R D H B I A Q E A
D I N E O A E G C O N N O Z T
A I A S O M P E A W G D O E R
E X M L P E P N R X S Y M Q E
Y P H H K L E O O V D N F Z V
M O W R I E P V A N I L L A R
W X G F W A F F L E C O N E H
```

CHERRY

COTTON CANDY

FLOAT

FREEZE

HOT FUDGE

PEPPERMINT

RAINBOW

SALTED CARAMEL

SCOOP

SPRINKLES

SUNDAE

SYRUP

TOPPINGS

VANILLA

WAFFLE CONE

WHIPPED

FRIENDSHIP

```
L  P  Y  T  L  A  Y  O  L  T  B  W  C  I  I
K  L  M  F  H  O  N  E  S  T  P  O  U  L  M
O  E  A  I  U  Q  Y  I  C  F  M  T  E  W  Q
H  R  B  S  K  L  N  F  R  P  R  M  L  Z  W
M  A  F  A  A  C  O  I  A  O  X  K  G  M  P
S  H  P  Y  E  R  E  N  P  N  Z  I  G  E  A
S  S  D  R  G  N  I  P  P  Q  V  N  I  L  B
E  S  E  I  D  O  U  H  R  G  S  D  G  J  T
I  P  V  V  N  S  Z  P  N  I  I  N  U  D  S
R  E  T  T  E  A  M  W  O  R  K  E  F  S  V
O  C  R  T  B  D  L  P  X  F  V  S  Q  L  Q
M  I  A  H  U  M  P  Z  L  V  U  S  D  U  R
E  A  T  K  D  R  E  T  H  G  U  A  L  R  B
M  L  M  I  D  J  C  R  E  S  P  E  C  T  K
T  E  H  V  Y  W  C  Q  Y  V  Y  P  Y  Z  G
```

BUDDY   GIGGLE   LOYALTY   SINCERE
COMPANION   HONEST   MEMORIES   SPECIAL
FORGIVE   KINDNESS   RESPECT   SUPPORT
FRIEND   LAUGHTER   SHARE   TEAMWORK

TRANSPORTATION

```
R  P  O  V  Y  M  J  R  S  C  N  I  T  H  P
P  C  J  B  L  E  O  B  D  U  W  T  P  J  J
I  A  E  I  I  B  L  T  T  J  H  T  K  T  E
H  N  Q  C  H  N  S  P  O  C  E  Q  A  N  H
O  O  E  Y  E  Y  N  C  A  R  T  T  I  X  W
J  E  N  C  L  S  R  Y  O  R  C  R  S  A  I
J  X  A  L  I  Z  H  R  A  O  A  Y  L  K  X
B  T  L  E  C  K  N  I  E  M  T  O  C  D  I
P  R  P  D  O  L  N  Q  B  F  D  E  W  L  G
S  I  R  G  P  G  O  U  G  N  N  H  R  Q  E
N  C  I  U  T  D  S  R  O  J  Q  G  L  L  V
R  Y  A  C  E  A  P  G  R  E  N  Z  F  N  F
C  C  A  S  R  J  F  R  C  Y  Q  K  O  P  J
W  L  J  H  R  I  C  K  S  H  A  W  U  V  P
K  E  N  P  S  Q  T  Q  T  O  B  F  B  B  W
```

AIRPLANE	GONDOLA	MOTORCYCLE	TAXI
BICYCLE	HELICOPTER	RICKSHAW	TRAIN
CANOE	JET SKI	SCOOTER	TRICYCLE
FERRY	LORRY	SUBMARINE	YACHT

PETS

```
L  G  Y  R  A  N  A  C  G  C  Y  Q  F  U  I
A  C  H  I  N  C  H  I  L  L  A  M  T  L  F
O  G  B  M  P  U  P  P  Y  P  E  R  N  B  H
F  C  J  P  A  R  R  O  T  N  A  T  E  S  R
T  F  F  Y  H  R  F  W  A  I  O  S  I  A  S
Y  Q  H  I  O  O  X  K  N  R  T  F  B  O  Q
J  Z  D  J  T  A  I  Y  T  F  M  B  Y  K  X
B  N  P  J  U  T  K  O  R  O  I  F  W  Y  Y
V  J  N  J  T  B  I  I  U  T  Z  H  T  K  S
T  U  M  E  U  S  E  S  X  Q  L  Q  W  C  H
Y  C  N  N  E  N  E  Q  W  I  E  I  A  Y  U
O  L  N  R  D  V  Q  A  B  I  G  U  A  N  A
G  Y  N  O  P  V  H  R  Q  A  M  D  B  G  H
A  H  A  M  S  T  E  R  C  U  S  B  H  W  X
H  U  I  H  K  G  R  K  V  A  R  P  I  O  U
```

BEST FRIEND	FISH	KITTEN	PUPPY
BUNNY	GERBIL	MOUSE	RABBIT
CANARY	HAMSTER	PARROT	TORTOISE
CHINCHILLA	IGUANA	PONY	TRAIN

ANIMAL KINGDOM

```
R  S  U  H  N  F  T  M  N  M  Q  S  Q  X  Z
H  G  R  H  I  N  O  C  E  R  O  S  C  D  U
I  O  E  P  O  C  O  G  O  H  E  G  D  E  H
I  R  J  P  O  A  D  S  J  J  S  B  E  D  W
W  I  H  G  R  H  N  A  O  O  D  D  E  F  F
C  L  S  I  A  C  W  F  B  I  B  X  K  X  E
A  L  A  R  G  I  H  W  E  C  E  I  D  W  L
M  A  L  A  N  R  C  A  S  S  Q  O  R  E
E  Q  M  F  A  T  M  O  Q  P  I  D  L  F  P
L  N  O  F  K  S  C  U  D  E  O  O  P  N  H
R  L  N  E  L  O  I  X  J  N  T  Q  H  O  A
W  Q  J  X  D  R  Y  W  C  G  R  H  I  O  N
K  S  A  I  R  R  I  Q  K  U  O  S  N  B  T
X  L  L  E  E  G  G  S  Y  I  T  O  X  A  V
M  E  L  Q  T  U  R  B  E  N  R  J  K  B  U
```

BABOON	ELEPHANT	KANGAROO	SALMON
CAMEL	GIRAFFE	OSTRICH	SQUIRREL
CROCODILE	GORILLA	PENGUIN	TORTOISE
DOLPHIN	HEDGEHOG	RHINOCEROS	

SPRING

V X X Y L P V H C U A N O G Q
V G H I A P U L D W J E E I K
C S C P D A G D I J S D K L F
L Y F E Y L U N D G K R L L F
O S B K B B D V Y L V A I A I
U U P Y U Y S C E M E G A B Z
D N T A G M L Q O N M S N E V
S S B U T T E R F L I E S S R
P H R R A I N B O W A Q T A E
T I W P I C N I C M Z M T B E
U N J F O Q P C Q A X Z Q T F
G E Y Y I Y N W L K Z Y I C F
V D R A I N C O A T D K O W B
C T U O R P S U K N Y H X W Z
Y R A A D F B L O S S O M R O

BASEBALL   GARDEN   PUDDLES   SPROUT

BLOSSOM   KITE   RAINBOW   SUNSHINE

BUTTERFLIES   LADYBUG   RAINCOAT   WINDY

CLOUDS   PICNIC   SNAIL

DOCTOR'S VISIT

```
Z  T  Q  L  W  S  B  T  T  Y  R  U  J  N  I
V  C  H  E  M  A  N  Q  H  N  U  Q  E  I  D
V  M  E  N  I  M  A  X  E  U  Z  C  T  E  L
S  S  E  U  S  S  I  T  R  R  D  L  V  G  Z
B  Y  L  D  M  B  X  S  M  S  P  I  I  A  G
U  Z  J  Z  I  A  E  Z  O  E  U  P  A  D  B
B  Z  E  C  W  C  S  E  M  G  K  B  J  N  K
U  F  K  R  I  U  I  K  E  R  C  O  I  A  N
W  C  P  F  B  B  V  N  T  E  E  A  I  B  C
P  Z  F  X  G  H  N  U  E  Q  H  R  C  S  O
A  O  O  A  N  U  M  W  R  C  C  D  G  A  W
I  S  T  E  T  H  O  S  C  O  P  E  E  H  A
N  J  P  V  E  N  P  E  W  Q  O  L  A  N  A
Q  X  I  N  F  E  C  T  I  O  N  L  S  I  C
F  I  S  Y  R  I  N  G  E  J  Y  S  S  X  C
```

BANDAGE   INFECTION   NURSE   SYRINGE

CHECKUP   INJURY   OFFICE   THERMOMETER

CLIPBOARD   MASK   PAIN   TISSUES

EXAMINE   MEDICINE   STETHOSCOPE

UNDERCOVER SPY

```
G S J A A P O R T R A I T H I
V P C P R D T M I S S I O N Z
F P F V E Y Q N U S W E D B L
P H W T V X N I L D U Q J A N
D O L E O L F V I A F C I X M
K T I G C K A W R N Y T O I Y
R O G R R C A S D G N Z M F S
E G H A E W P I E R G M O T
W R T T D A S B D R E S C U E
A A I R N G D I Z O S X Z D R
N P N A U U F S T U S Y I Y Y
T H G I J N P H B S N V N T M
E Y S D O Y V D I S G U I S E
D E G C V D S T A B M O C D F
Q S B I N O C U L A R S A X Q
```

BINOCULARS
COMBAT
CONFIDENTIAL
DANGEROUS

DISGUISE
FOCUS
LASERS
LIGHTING

MISSION
MYSTERY
PHOTOGRAPHY
PORTRAIT

RESCUE
SPY
TARGET
UNDERCOVER
WANTED

POND LIFE

```
U E A G L A W I C M L Q C C P
F V D F P X V J Z G S A H Z A
S S L V E O T C D B T R C Y E
H T F V Y V N K M T M E E I S
X I E T C L Z D A B A V E T A
Y C X U Z G L I S K N A L R J
B K D R V T L I W K X E A K I
P L F T C S A W L D A B R S I
V E R L A J H D L Y X T J H R
D B O E W C K O P Y P H E G L
J A G B F A T W D O T A O R C
F C S O G U A U A I L O D U X
E K D X S C C G W T S E G R Q
I I Y I P K Q J E E E N J R B
Y S E H S U R L L U B R U B Q
```

ALGAE
BEAVER
BULL RUSHES
CATTAILS

DUCK
FROGS
GOOSE
LEECH

LILY PAD
LOTUS
POND SKATER
STICKLEBACK

TADPOLE
TURTLE
WATER

BEACH

```
M H J S Y G N Y Q M S M L N G
B F A W U S J O S S L I S N A
Z U J M W N F T V F F Z E R E
T I G R M Q G W L E C C A U I
F P S B E O X L G X E U S B K
R A U E B O C U A H K Z H N V
I L R A Y N A K P S L U E U E
S M F C O R N Q I C S T L S I
B T B H D Z I T X Q V E L W M
E R O T S U N B L O C K S D H
E E A O P U G A L L E R B M U
L E R W Y E L T S A C D N A S
X M D E R C S A I L B O A T I
Y T U L C V W L F X I M F N M
G D Q S S P O L F P I L F A Z
```

BEACH TOWELS   LIFEGUARD   SEASHELL   SURFBOARD
FLIP FLOPS   PALM TREE   SUN BLOCK   UMBRELLA
FRISBEE   SAILBOAT   SUNBURN
HAMMOCK   SAND CASTLE   SUNGLASSES

HONEY BEE

```
G A V S C A O W N B T U X G H
R K S U Y Q L Q S V K T Z O M
U P E T Z A U H W Y I B V Y J
H G S E I R S G N I W E E K S
Z M T G P N I E W O R K E R O
Q I S F J E G W O I A D Y Y U
P A V X L N R R L Q V T I Y Q
O N D R I O J G H Z C Y Z S Q
L E D O Z X W O Y E J Z S I U
L C Y J B I N E S D U B B C E
E T O R S E K N R F F L X M E
N A R L Y X I L J S R Q X S N
B R C W O P I C K W O L L E Y
A Q F I H N E F G K P A D C A
A W Z D M Y Y J X Y H I V E N
```

COLONY  HONEY   NECTAR   WINGS

FLOWERS   HOVER   POLLEN   WORKER

FUZZY   INSECT   QUEEN   YELLOW

HIVE   KEEPER   STING

MEXICAN FOODS

```
R  Z  H  B  G  L  N  K  N  N  G  E  L  F  I
W  F  J  H  H  U  X  A  O  B  L  J  A  W  N
M  D  A  J  A  T  A  H  C  A  D  E  T  F  C
J  C  L  G  K  T  L  C  M  H  O  F  A  N  H
K  A  A  O  B  Y  I  A  A  H  O  J  P  J  U
O  M  P  B  Q  E  T  E  D  M  I  S  Q  C  R
T  O  E  F  O  U  N  T  Q  T  O  I  U  Q  R
O  T  N  L  O  C  E  C  A  M  E  L  T  D  O
R  E  O  T  M  D  A  S  H  I  E  S  E  D  A
T  J  K  C  Z  R  A  T  A  I  A  N  S  J  T
I  N  U  S  H  D  L  C  R  D  L  S  U  O  R
L  C  I  L  A  N  T  R  O  J  I  A  L  D  M
L  W  O  C  E  U  O  F  C  V  S  L  D  A  O
A  S  G  B  U  R  R  I  T  O  A  D  L  A  S
Y  U  Z  N  O  Q  J  V  I  S  R  W  G  A  A
```

AVOCADO   CILANTRO   JALAPENO   SALSA

BURRITO   ENCHILADA   MENUDO   TACO

CAMOTE   FAJITAS   NACHOS   TAMALE

CHURRO   GUACAMOLE   QUESADILLA   TORTILLA

CAKE

```
N W D S U G A R R L K H I U O
T B F E F I Z F T E Y X P H I
T H E K C B W H R R T M Y L S
O M M J V O Y N U O E T L I U
Q T I M E R R O E I S W U T K
A B F P P S L A Q K O T H B L
L L O E I F C B T B M E I O N
U E N T I P F A G E R E S N F
T N D M M G I N L M M N J N G
A D A I E X I N O E W K E S P
P W N I E X N M G H D C Z C H
S A T K I O E U I B R V O X F
O P D M G T Z S G E A I P C C
R K I D E I K Y A F C G A F C
M F D R R E B M V O T D B M O
```

BLEND   FLOUR   PIPING BAG   THERMOMETER

BUTTER   FONDANT   SCALE   TIMER

CREAM   FROSTING   SPATULA   WHISK

DECORATE   MIXING BOWL   SUGAR

MYTHICAL CREATURES

```
V  C  B  U  N  I  C  O  R  N  Z  P  T  W  U
Q  E  R  Z  P  D  P  S  L  S  K  T  G  O  M
F  N  Z  G  H  P  I  F  P  L  K  N  T  U  E
Z  T  Z  P  O  P  L  M  W  O  S  B  E  I  D
O  A  I  K  E  D  X  N  E  C  L  U  W  S  U
B  U  C  H  N  R  X  S  R  H  G  C  E  P  S
F  R  Z  R  I  A  P  I  E  N  K  E  Y  Z  A
X  E  I  X  X  G  C  D  W  E  M  D  C  C  H
X  R  P  N  J  O  M  I  O  S  P  M  F  G  Y
Z  I  F  I  F  N  V  A  L  S  S  E  B  A  D
H  T  A  X  X  V  V  M  F  Y  K  R  E  U  R
O  A  I  X  D  I  V  R  V  A  V  M  J  K  A
X  S  R  Z  A  A  E  E  H  Q  K  A  E  K  F
Z  B  Y  U  N  P  E  M  O  N  G  I  E  Q  B
D  D  Z  E  T  C  Z  Q  T  M  P  D  K  R  L
```

CENTAUR	GNOME	MERMAID	UNICORN
CYCLOPS	HYDRA	PHOENIX	WEREWOLF
DRAGON	LOCH NESS	PIXIE	
FAIRY	MEDUSA	SATIRE	

CUPCAKES

```
T  A  M  M  E  E  S  N  B  N  V  A  E  T  O
Z  B  A  A  H  L  M  I  P  B  M  X  Q  P  V
X  N  F  U  E  I  C  I  N  G  A  V  E  Q  E
Z  A  I  Y  F  R  E  Y  T  Y  Z  T  O  L  N
K  C  L  O  J  S  C  C  R  A  R  C  T  T  Y
Y  P  L  Y  V  E  F  R  A  E  E  E  A  E  Y
D  N  I  W  T  L  M  R  E  F  P  T  K  F  R
M  M  N  H  T  K  B  N  O  T  E  P  J  A  I
K  S  G  I  T  N  K  X  T  S  T  C  O  T  B
C  Q  C  P  U  I  P  P  P  T  T  U  G  T  N
H  S  F  P  E  R  L  H  C  I  A  I  B  O  S
E  W  S  E  D  P  C  M  Y  P  P  E  N  J  V
R  E  D  D  J  S  Q  K  K  F  X  I  R  G  C
R  E  E  O  L  A  P  U  U  J  C  B  N  T  G
Y  T  I  R  P  T  U  I  T  V  D  Y  F  G  C
```

BAKERY   CHERRY   OVEN   TEATIME
BATTER   FILLING   PIPING   TOPPER
BUTTERCREAM   FROSTING   SPRINKLES   TREAT
CAFE   ICING   SWEET   WHIPPED

CLOTHING

```
R  S  A  M  A  J  A  P  H  T  D  C  E  X  L
T  L  Z  Q  U  Z  U  O  R  J  H  T  G  Y  R
S  T  S  T  R  Y  W  A  B  K  I  L  K  E  J
I  T  Q  O  K  J  I  C  R  Y  A  R  K  R  E
D  O  X  I  A  N  S  B  T  S  H  V  U  S  A
K  T  D  I  E  C  E  E  S  E  F  C  X  O  N
H  B  J  R  A  S  J  E  H  S  K  A  C  C  S
F  J  S  R  U  B  S  E  O  F  T  C  M  K  F
T  T  F  O  C  O  A  T  E  H  L  N  A  S  T
S  D  L  F  Q  D  P  G  S  R  D  F  A  J  Y
H  B  T  U  X  E  D  O  E  R  J  Q  W  P  S
I  L  Z  I  L  I  S  W  E  A  T  E  R  N  O
R  N  V  R  F  P  C  S  W  G  O  D  M  J  J
T  J  L  V  V  Q  S  H  D  B  X  U  B  E  B
R  G  L  O  V  E  S  I  Q  U  F  D  Y  H  T
```

BLOUSE	GLOVES	PANTS	SWEATER
COAT	JACKET	SCARF	TRAINERS
DRESS	JEANS	SHOES	T-SHIRT
GLASSES	PAJAMAS	SOCKS	TUXEDO

APRIL FOOL'S DAY

```
K L E X N T X M K F N W Z O M
Z G L G A F N L I D P K C J T
X B A S V O A M U S I N G V P
P F U N I I H H E L C Y Q R G
F D G M D L L E D J L H A B G
W A H O R W L T C H K N I D H
N H T K T N T Y V I K M N E P
O F E Q S U R P R I S E E G F
Q E R E B B C X A G C S R U Y
L N G H I M C Z H O U M Y L G
U J D Q J T W W M M B R X L E
A O O K L A O I E Q Q J B I C
R S Z K C E C B N V E Q J B R
X Y E K E A T B N S E U D L A
P J Y T L S M J T T N A H E F
```

AMUSING   GULLIBLE   LAUGHTER   SURPRISE

BEMUSE   HOAX   MISCHIEF   WACKY

COMICAL   JEST   PRANK

FARCE   JOKES   SILLY

BACKYARD FUN

```
C  M  I  I  H  B  A  D  M  I  N  T  O  N  H
M  B  E  K  H  K  H  R  P  E  G  J  D  E  Z
Q  E  R  E  H  R  Q  E  S  K  A  V  U  G  U
G  W  S  K  B  K  S  U  M  T  C  N  B  H
I  W  U  P  C  S  O  U  T  S  E  I  A  V  Q
G  T  T  Z  R  H  I  E  L  B  W  S  W  T  C
Z  R  M  L  Y  I  N  R  R  S  K  Q  A  O  L
O  A  W  A  L  T  N  A  F  E  X  E  D  Q  I
O  M  L  G  Y  A  B  K  T  V  O  D  I  B  M
M  P  C  V  B  L  B  B  L  I  L  I  N  P  B
C  O  B  A  Z  J  A  E  Y  E  W  L  G  F  I
T  L  F  T  T  L  Q  C  S  P  R  S  P  E  N
T  I  T  X  L  C  G  T  G  A  O  S  O  Z  G
S  N  Z  E  V  F  H  P  Q  D  B  X  O  M  Q
Y  E  Z  L  T  B  T  A  Y  D  N  I  L  H  Q
```

BADMINTON   CATCH   SLIDE   TRAMPOLINE

BARBECUE   CLIMBING   SPRINKLERS   WADING POOL

BASEBALL   FRISBEE   SWING

BASKETBALL   PLAYHOUSE   TENT

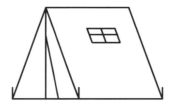

FIRE SAFETY

```
H  B  I  R  G  T  F  K  C  M  R  A  L  A  F
T  Q  S  E  E  A  E  B  U  D  S  R  Q  I  B
H  Q  E  T  V  E  E  Q  D  E  R  E  R  X  E
G  R  A  H  A  J  O  Q  L  Y  R  E  O  X  B
I  E  E  G  C  S  T  R  X  T  T  E  T  D  O
L  S  T  I  U  M  P  V  J  R  V  I  E  T  G
H  C  N  F  A  V  E  R  U  Q  N  Q  K  E  X
S  U  A  E  T  W  M  C  I  G  M  L  O  K  H
A  E  R  R  E  V  K  E  U  N  A  A  M  N  R
L  H  D  I  V  D  S  I  T  D  K  Q  S  A  M
F  W  Y  F  X  C  S  Y  D  S  A  L  M  L  C
J  K  H  S  A  H  T  E  L  T  U  O  E  B  S
I  M  H  P  E  A  R  S  D  W  C  U  C  R  I
D  O  E  R  G  K  S  I  A  O  Y  N  X  V  H
M  R  O  T  C  E  T  E  D  D  V  C  O  R  G
```

ALARM	EVACUATE	FLASHLIGHT	RESCUE
BLANKET	EXTINGUISHER	HYDRANT	SMOKE
DETECTOR	FIREFIGHTER	LADDER	SPRINKLER
ESCAPE	FIRETRUCK	OUTLET	

GEMSTONES

```
N  M  T  J  E  B  X  Q  B  Z  U  B  Y  R  Q
P  H  Q  D  A  M  E  T  H  Y  S  T  K  U  A
Z  C  A  V  A  C  O  W  H  C  E  Y  Q  B  T
Y  J  F  M  Q  A  O  H  K  Q  I  X  T  Y  M
H  S  C  T  U  M  A  U  F  B  J  G  T  O  K
B  Z  Q  N  A  B  S  U  T  N  A  U  O  A  S
D  R  Z  A  M  E  P  I  Y  R  R  N  D  U  O
T  E  I  M  A  R  C  U  N  Q  S  S  C  E  N
Z  P  R  T  R  Y  F  E  U  T  G  A  S  N  Y
A  S  C  N  I  X  T  O  O  O  O  P  A  L  X
P  A  O  Z  N  Z  I  N  Y  E  L  P  Y  F  L
O  J  N  M  E  S  E  C  I  Q  E  H  Z  X  A
T  H  I  T  E  W  X  U  R  M  U  I  Q  D  N
H  E  M  E  R  A  L  D  K  F  Y  R  N  O  B
E  J  O  D  I  A  M  O  N  D  G  E  M  M  L
```

AMBER	EMERALD	MOONSTONE	SAPPHIRE
AMETHYST	GARNET	ONYX	TOPAZ
AQUAMARINE	JADE	OPAL	TURQUOISE
DIAMOND	JASPER	RUBY	ZIRCON

PHOTOGRAPHY

```
T  M  I  L  A  T  I  G  I  D  E  H  I  X  R
F  T  S  H  U  T  T  E  R  K  T  L  S  R  Z
E  Y  I  I  Q  P  G  A  A  R  E  M  A  C  C
H  R  E  S  O  L  U  T  I  O  N  R  Z  V  E
S  T  H  G  I  L  K  C  A  B  L  E  K  Y  T
A  Z  W  O  W  P  R  D  X  I  M  X  Y  R  J
L  N  E  I  Y  S  M  E  G  Z  S  U  I  D  Z
F  Q  O  D  K  F  P  H  F  I  T  P  A  M  P
V  U  B  U  A  B  T  S  G  L  O  Z  G  Z  I
G  I  Q  T  L  I  A  R  F  D  E  O  J  C  R
K  R  E  S  N  N  D  I  D  N  A  C  M  W  F
V  B  H  G  P  O  R  T  R  A  I  T  T  O  X
R  T  P  T  S  A  R  T  N  O  C  O  C  N  T
O  R  U  Z  W  W  Q  W  V  D  M  U  C  Z  V
Z  T  F  R  A  M  E  G  K  W  S  O  U  Y  X
```

BACKLIGHT
CAMERA
CANDID
CONTRAST

DIGITAL
FLASH
FOCUS
FRAME

LIGHTING
PORTRAIT
REFLECT
RESOLUTION

SHUTTER
STUDIO
TRIPOD

FAMILY TREE

```
K Y Q T G U V R E L A T E D E
G R C M R G Z B B K U N C L E
E O P E A S I S T E R H Y D D
M T N M N J T G K Q G R C F Z
A S B O D C T G B Y R Z O Z F
N E I R P G R A N D C H I L D
N C R I A O U E O E Z B A W N
E N T E R P A Q L Z P K U G I
D A H S E E N W H A X H T T E
I V P R N T K B R O T H E R C
A U I R T S J J G P O I L W E
M S X Z X H P A R E N T V R N
M J D E S C E N D A N T L E D
T F R E C O R D S N M Q N B S
T G D J Y D I W L O V E R T L
```

ANCESTOR   GRANDPARENT   RELATED
BIRTH   LOVE   RELATIVES
BROTHER   MAIDEN NAME   SISTER
DESCENDANT   MEMORIES   UNCLE
GRANDCHILD   NEPHEW   PETS
NIECE   PARENT   RECORDS

DINOSAURS

```
N  C  R  M  F  E  Q  T  U  P  I  X  B  J  J
S  O  L  B  S  L  C  H  A  A  U  U  X  T  R
Q  N  U  X  L  I  I  K  L  L  X  R  T  C  O
S  J  S  A  G  T  O  H  H  E  Z  E  I  N  T
P  U  E  S  W  P  Z  W  S  O  X  R  U  I  A
O  R  N  R  O  E  O  L  E  N  O  X  T  T  D
T  A  O  O  H  R  S  T  P  T  K  S  C  X  E
A  S  B  T  Y  U  E  S  S  O  C  C  E  E  R
R  S  Z  P  W  F  M  I  A  L  L  R  V  V  P
E  I  Q  A  U  X  H  G  X  O  A  B  E  O  Y
C  C  X  R  Y  E  E  O  W  G  W  P  S  L  Z
I  I  F  E  R  G  V  L  X  I  P  A  K  C  K
R  U  U  P  G  R  C  O  Z  S  E  A  K  A  K
T  W  H  S  Y  N  I  E  U  T  W  N  K  N  V
X  O  X  U  D  L  R  G  T  X  F  F  Z  O  Y
```

BONES EXTINCT PALEONTOLOGIST REPTILE

CLAW GEOLOGIST PREDATOR TRICERATOPS

EGGS JURASSIC PREHISTORIC VOLCANO

ERA MESOZOIC RAPTOR

VOLUNTEER

```
G  H  S  P  E  U  J  Z  T  C  Z  U  F  S  T
T  E  V  S  M  M  L  I  R  V  X  Q  N  T  R
H  A  V  P  E  Q  P  E  P  B  C  O  G  E  O
R  R  W  L  V  N  S  A  K  R  I  A  S  A  P
Q  T  C  C  F  P  D  R  T  T  S  C  F  M  P
Z  Z  K  N  E  P  P  N  A  H  I  J  Y  W  U
X  Q  G  C  E  B  O  N  I  H  Y  T  A  O  S
I  T  T  B  X  T  O  H  T  K  I  R  E  R  Q
U  K  C  Q  R  D  W  E  U  N  Z  W  E  K  S
V  A  M  U  R  O  F  O  U  M  C  J  K  J  Q
D  J  T  E  D  R  X  M  R  Y  A  I  F  X  Y
K  I  O  X  H  N  M  Y  V  K  S  N  R  W  D
O  G  I  N  B  O  O  G  H  A  I  H  I  K  K
I  C  O  R  C  T  V  C  N  K  F  N  X  T  E
N  C  S  H  E  L  T  E  R  M  W  R  G  O  Y
```

COMMUNITY	ETHICS	KINDNESS	SHELTER
CONDUCT	HEART	NETWORKING	SUPPORT
DONATIONS	HUMANITY	RESPECT	TEAMWORK
EMPATHY			

WINTER

```
B U R D Z Y B N J Y N U C N S
F O F R R Y X Q I M E O B P Y
M Q H F S A G T I U O Q Y O A
R T S O R F O T E L G L M E D
Y C J T T O T B G K S N C N I
U J H K S E Z I W W N A E Q L
D B D I N L P E E O L A X P O
K Q Z S L C E A N P N Z L J H
N W O V X L T G E W S S U B L
A M V I T E Y R N R O W F H D
M Z A S R U I U D A O O D Y H
W V N D C F H A K I W U O O V
O T D W M A R C T I C O Q J J
N N D E C E M B E R A J N Y K
S A D S K I I N G Q O M K S K
```

ARCTIC	FIREPLACE	IGLOO	SNOW ANGELS
BLANKET	FROST	MITTENS	SNOWBOARD
CHILLY	FROZEN	PENGUIN	SNOWMAN
DECEMBER	HOLIDAYS	SKIING	SWEATER

HERBS

```
H  M  I  Y  W  D  P  O  H  H  I  Z  Y  M  Q
P  R  O  S  E  M  A  R  Y  U  I  I  M  T  T
E  T  G  R  A  J  V  R  C  I  L  R  A  G  V
O  A  H  V  A  G  E  L  N  D  Y  A  D  C  A
F  R  G  B  G  G  E  O  T  H  E  B  L  A  E
K  R  O  F  N  N  N  H  E  F  L  C  I  Y  G
N  A  A  I  N  A  Y  R  Q  W  S  W  P  E  B
P  G  G  E  G  M  Q  B  K  P  R  W  S  N  D
E  O  F  E  E  Q  A  W  K  N  A  F  X  N  H
P  N  R  T  O  Z  Q  P  K  V  P  S  I  E  E
C  O  F  O  U  K  T  R  P  E  P  P  E  R  Q
B  C  U  M  I  N  Q  W  B  A  Y  L  E  A  F
Y  E  U  T  U  R  M  E  R  I  C  R  U  Z  L
Y  M  N  L  E  Z  Y  S  O  S  P  F  T  L  S
G  E  Z  K  I  O  W  P  R  X  E  K  S  X  A
```

BAY LEAF	GARLIC	PARSLEY	TARRAGON
CAYENNE	GINGER	PEPPER	THYME
CUMIN	OREGANO	ROSEMARY	TURMERIC
FENNEL			

PICNIC

```
I  M  V  A  N  W  T  U  T  C  S  B  U  C  O
A  I  G  Y  K  P  A  I  M  K  O  N  N  K  U
B  H  B  Y  B  E  B  C  N  B  M  R  H  M  N
Z  I  L  B  L  R  L  E  Z  W  R  D  E  L  L
G  B  A  J  Y  E  E  D  Y  U  E  E  W  C  P
H  D  N  M  I  T  C  T  G  Q  H  A  L  E  Y
R  N  K  G  F  H  L  E  P  O  T  C  W  L  R
L  A  E  R  B  G  O  A  E  E  Y  P  D  S  A
X  P  T  A  F  U  T  P  R  M  B  U  C  K  E
M  K  H  P  O  A  H  M  G  O  A  H  U  N  B
U  I  T  E  T  L  E  J  A  H  S  C  F  N  Q
S  N  F  S  P  L  R  R  M  W  K  T  E  C  Y
I  S  W  B  O  P  S  N  E  N  E  E  Y  Q  G
C  L  T  N  I  W  X  Z  S  H  T  K  U  A  C
J  A  E  X  A  B  C  U  S  H  I  O  N  C  D
```

BASKET	GRAPES	MUSIC	THERMOS
BLANKET	ICED TEA	NAPKINS	UMBRELLA
CUSHION	KETCHUP	TABLECLOTH	WATERMELON
GAMES	LAUGHTER		

SMOOTHIES

```
R  B  L  E  N  D  E  R  Z  U  P  Q  Z  M  G
K  Q  U  I  C  K  X  G  A  R  N  I  S  H  P
U  A  P  F  H  E  A  L  T  H  Y  D  P  M  J
L  J  S  U  O  I  C  I  L  E  D  G  S  L  D
G  R  M  C  N  R  G  O  S  W  E  V  W  Q  J
S  G  N  I  P  P  O  T  O  D  E  Z  N  C  S
T  M  F  J  Z  C  Z  E  O  G  L  Y  C  A  C
R  Y  O  G  U  R  T  O  E  D  O  O  I  L  D
A  I  O  G  J  M  F  T  D  S  F  P  N  O  M
W  L  F  Q  S  R  A  E  V  L  R  U  F  R  R
L  W  U  B  E  B  H  R  A  O  E  R  I  I  Q
P  Z  G  P  L  S  X  V  T  J  U  H  G  E  J
S  Q  U  E  U  Y  O  E  A  Q  Q  K  R  S  X
T  S  S  R  V  R  I  S  E  B  U  C  E  I
C  N  C  L  S  N  E  Q  M  A  Y  E  N  O  H
```

BLENDER	FLAVORS	ICE CUBES	SUPERFOOD
CALORIES	GARNISH	PROTEIN	TOPPING
CRUSHED	HEALTHY	QUICK	VEGETABLES
DELICIOUS	HONEY	STRAW	YOGURT

VEHICLES

```
Y R E Y F I V Q Z S H T R Y D
H U V T S V Y L C E E C T X T
W R A R R J A O C I L U X A N
R O E A Q Y O S S Z I Q X B M
W C R I S T P E X E C I X A O
O K T N E B W T E C O M C Q B
E E V R S I Y R T N P O A J Y
A T F C U C A I R A T N E A
C E W N B Y Y C U L E O O C H
D G C I W C A Y C U R R E U J
U V W B A L C C K B A C N S F
Q O T A Y E H L Q M G Y A G X
Q Q B V G M T E W A H C E R R
Z C D Z Y O Q V V S X L J Z C
A C O G T C N A A H H E M E E
```

AMBULANCE	MOTORCYCLE	TAXI	TRUCK
BICYCLE	ROCKET	TRAIN	WAGON
CANOE	SCOOTER	TRICYCLE	YACHT
HELICOPTER	SUBWAY		

FARM

```
V A J C G Q Y F F E L T T A C
B U A I M Y H A Y S T A C K K
X S X O C C O G F I N U X Y S
Y Z O B H U N J C O W I D T I
G Y D E O L O N V P O X F S R
G P F V R T T I L R D E R T R
G W E I E I G F E O A S E A I
C G R H S V Q H D T E R T L G
C X T E E A D Y R A M X S L A
V G I E R T H C E B S L E I T
D S L B U O S Z H U J L V O I
T T I H T R E R P C Q I R N O
F E Z T S A N U E N N S A I N
U Y E A A B T T H I X S H Z Z
A D R H P S D N S C P T B H G
```

BEEHIVE
CATTLE
CHORES
CULTIVATOR

FERTILIZER
HARVESTER
HAYSTACK

INCUBATOR
IRRIGATION
MEADOW

PASTURE
SHEPHERD
STALLION

BREAKFAST

```
N  S  N  B  A  W  S  E  L  F  F  A  W  T  M
X  J  G  F  M  U  F  F  I  N  R  O  O  M  L
F  E  U  G  G  K  G  O  J  R  A  A  E  B  W
X  V  C  R  E  T  T  U  B  T  S  I  F  A  S
N  H  F  I  H  D  Q  J  M  T  H  B  Y  N  P
V  R  R  Y  U  S  E  E  B  T  C  A  E  A  B
C  G  E  L  C  J  A  L  O  S  Z  G  N  N  L
G  J  N  P  E  L  E  O  B  O  R  E  O  A  Y
F  M  C  A  R  S  M  G  X  M  R  L  H  X  Z
L  Y  H  N  E  S  A  C  N  P  A  A  Q  X  U
M  X  T  C  A  Q  J  U  M  A  K  R  N  S  T
X  J  O  A  L  I  B  A  S  J  R  W  C  G  K
L  O  A  K  B  R  J  O  W  A  I  O  E  S  E
I  N  S  E  T  W  U  P  B  C  G  Y  L  Z  U
F  T  T  S  A  S  E  P  E  R  C  E  L  D  E
```

BAGEL FRENCH TOAST OATMEAL SCRAMBLED EGGS
BANANA HONEY ORANGE JUICE SMOOTHIE
BUTTER JAM PANCAKES TOAST
CEREAL MUFFIN SAUSAGE WAFFLES
CREPES

Puzzle #35
AT THE SUPERMARKET

```
K T B V E G E T A B L E S W Q
J U L N O V S M C Z O J A I B
M R D D C Y I N Z D R Y G Q D
C D I S C O U N T P F F G Q E
H X I S H E L V E S B F C J Y
E A S K P F I D Q U E U E O A
C I J Y O R T B P X E G B H O
K S D E T E R G E N T I O V A
O L N T K S E Z T R N B A J E
U E N S G H E C A S H I E R S
T S A K E N A L S S E R P X E
J B U G N R R E P A P S W E N
P I F L W N D N E Z O R F O U
B O C R S K S K N I R D S F N
L W D I S P L A Y R O K N S A
```

AISLES

BASKET

CASHIERS

CHECKOUT

DETERGENT

DISCOUNT

DISPLAY

DRINKS

EXPRESS LANE

FRESH

FROZEN

NEWSPAPER

QUEUE

SHELVES

VEGETABLES

JUNGLE

```
F  A  Z  Q  N  I  E  U  M  K  Q  A  T  B  W
D  J  Y  E  B  M  Z  H  P  C  T  A  N  D  A
S  A  E  Z  A  U  G  C  K  L  L  V  A  S  C
U  N  K  T  V  G  A  I  G  C  E  T  H  V  A
C  A  N  Z  R  E  L  S  Q  Q  O  F  P  D  M
R  C  O  T  S  O  G  E  R  O  P  I  E  E  N
A  O  M  O  O  W  P  E  G  K  A  L  L  R  O
I  N  U  R  F  A  R  I  T  A  R  O  E  E  B
N  D  A  R  A  R  Q  V  C  A  D  E  I  G  B
F  A  F  A  U  C  X  U  V  A  T  I  G  N  I
A  R  W  P  H  V  A  U  V  K  L  I  L  A  G
L  K  W  Z  D  J  Z  N  K  Y  V  S  O  D  F
L  V  E  G  A  L  F  U  O  M  A  C  Q  N  D
N  E  J  W  E  X  J  Y  D  P  K  A  H  E  J
W  L  T  I  P  Y  E  G  G  R  Y  U  W  Z  O
```

MACAW	ELEPHANT
EAGLE	ENDANGERED
CANOPY	GIBBON
CAMOUFLAGE	LEOPARD

ANACONDA	RAINFALL
MONKEY	TROPICAL
PARROT	VEGETATION

OUTER SPACE

```
Z  C  M  I  L  K  Y  W  A  Y  G  E  K  H  M
I  O  C  Q  P  T  P  L  B  R  U  G  O  S  E
L  S  T  K  J  L  U  L  P  P  N  A  Z  L  P
A  M  G  E  S  O  L  A  R  S  Y  S  T  E  M
U  I  E  H  N  X  Q  E  N  X  Z  T  G  T  N
N  C  X  A  U  A  V  A  O  U  G  E  T  O
C  R  Z  S  P  B  L  L  H  R  R  N  L  H
H  A  Y  T  L  M  A  P  S  C  R  T  R  F  G
C  Y  V  E  P  G  E  L  F  E  O  G  S  J  T
A  S  P  R  F  G  I  T  S  R  R  L  P  A  B
P  H  W  O  R  B  I  T  E  A  A  S  S  C  C
S  P  L  I  O  A  R  O  V  O  P  W  A  V  J
U  U  N  D  G  I  F  I  X  E  R  G  D  I  G
L  C  U  O  A  I  T  Y  H  P  R  U  R  Z  D
E  F  L  L  Q  Y  L  M  E  N  G  U  Q  D  R
```

ASTEROID	DWARF PLANET	METEOR	SHUTTLE
ASTRONAUT	GALAXY	MILKY WAY	SOLAR SYSTEM
CAPSULE	GRAVITY	ORBIT	TERRESTRIAL
COSMIC RAYS	LAUNCH		

CARNIVAL

```
D R P P S E L P P A Y D N A C
W F E M O A S T P N F P L P C
C A R T R P M F I T U X X R S
T D U S S S C U Q C Q C S I I
H M E L B A N O S U K L L Z C
O I P S E U O O R E E E U E L
T S G H U S M C O N M U T S O
D S O T T O U P R L Y E E S W
O I A D N O H O E E L E N A N
G O H I A A O N R R L A P T S
S N W P J N Y B U A C L B F P
W L P G T L V P D F C A O U S
Q D S S O T G N I R E X R R O
Q Z C O T T O N C A N D Y S D
K L A Z D A I B R Z P Y I Y M
```

ADMISSION CANDY APPLES HOT DOGS RING TOSS

AMUSEMENT CAROUSEL POPCORN ROLLER COASTER

BALLOONS CLOWNS PRIZES SODA

BUMPER CARS COTTON CANDY QUEUE TICKETS

BOOTH FUN HOUSE

FRUITS

```
H Q U B J D P E A C H L P T R
Z S G R A P E S A N F V O Y J
V P T O P M A H F A B F M Z A
M P G R A R W S U I D P E P C
F I E N A G U F L R H D G A K
Y A G Z D W W N P U Z C R P F
N O Q I R P B A E D H C A R R
Q W K C X Y P E U E O V N I U
J L C B P A O U R C P K A C I
L J O T Y J O R F R A A T O T
G B C A F K Y G R F Y G E T D
I U O P A S S I O N F R U I T
Y D N X S I B K G F C M R T K
P P U B B L U E B E R R I E S
S G T J G W A T E R M E L O N
```

APRICOT   DURIAN   PAPAYA   PRUNE

BLUEBERRIES   GRAPES   PASSION FRUIT   STRAWBERRY

CHERRY   JACKFRUIT   PEACH   WATERMELON

COCONUT   MANGO   POMEGRANATE

CORAL REEF

```
X  H  M  D  T  R  O  P  I  C  A  L  J  H  Y
F  Y  Z  M  Q  X  U  L  L  Q  M  K  S  G  B
W  R  V  H  G  J  E  A  E  X  E  D  P  Z  B
P  N  I  N  U  G  M  Y  R  K  T  A  O  B  I
O  E  H  S  I  F  W  O  L  B  S  O  N  W  P
L  L  N  R  T  H  K  A  J  W  Y  W  G  J  P
L  L  L  V  A  U  C  M  Y  A  S  G  E  O  M
A  I  E  V  I  L  S  R  O  N  O  X  T  Y  I
C  R  E  Y  Y  R  U  K  U  N  C  N  A  S  R
S  K  Y  X  R  B  O  K  P  A  E  P  A  T  H
R  X  A  Y  J  C  I  N  Q  H  E  T  V  E  S
A  G  R  Q  N  O  C  R  M  D  V  S  C  R  Z
Y  I  O  B  U  R  E  K  H  E  M  A  Q  S  P
A  X  M  X  D  A  R  P  W  E  N  Z  W  F  K
T  M  N  B  D  L  P  A  X  B  R  T  F  D  F
```

BLOWFISH	ENVIRONMENT	SCALLOP	PRECIOUS
CLAM	KRILL	SEA URCHIN	RAY
CORAL	MORAY EEL	SHRIMP	TROPICAL
ECOSYSTEM	OYSTER	SPONGE	

RECYCLING

```
T  H  H  C  E  R  T  Q  B  X  D  R  Z  U  J
Z  W  U  I  N  G  U  C  I  O  Z  O  N  E  T
X  K  M  T  V  G  M  V  O  J  N  C  N  I  F
J  H  U  S  I  Q  E  J  D  V  E  S  U  E  R
W  M  I  A  R  E  J  M  E  E  A  B  P  S  I
R  D  B  L  O  Z  O  X  G  C  R  F  G  E  E
L  W  H  P  N  G  B  T  R  O  T  Q  H  L  Y
T  J  E  B  M  R  C  R  A  S  H  U  D  T  T
B  A  L  K  E  E  G  E  D  Y  N  T  S  T  C
W  Y  C  A  N  D  U  N  A  S  E  H  S  O  O
Y  T  Y  K  T  U  Q  E  B  T  E  O  A  B  M
H  M  C  K  Z  C  C  W  L  E  R  G  L  M  P
V  P  E  X  V  E  P  S  E  M  G  L  G  B  O
F  M  R  Y  V  O  P  A  P  E  R  M  Z  O  S
A  G  B  Y  C  Z  Y  G  R  E  N  E  H  I  T
```

BIODEGRADABLE   ECOSYSTEM   GREEN   RECYCLE
BOTTLES   ENERGY   OZONE   REDUCE
COMPOST   ENVIRONMENT   PAPER   RENEW
EARTH   GLASS   PLASTIC   REUSE

SOLAR SYSTEM

```
P  G  R  A  V  I  T  Y  X  Z  A  C  T  N  C
D  T  W  Y  T  K  M  O  D  A  Y  N  K  R  E
C  V  D  L  T  G  R  C  O  M  E  T  A  L  R
X  E  U  E  T  B  J  I  B  P  U  T  O  R  R
O  N  R  N  I  V  H  G  T  M  E  H  K  O  K
Y  U  A  T  V  R  A  I  R  K  S  R  E  N
R  S  N  O  X  L  N  L  J  C  A  E  D  T  D
U  L  U  H  A  E  K  R  A  T  T  I  O  E  X
C  K  S  X  M  Y  W  L  U  I  O  B  P  M  S
R  V  Y  P  W  N  B  R  P  R  C  I  G  U  U
E  V  O  A  X  F  N  U  E  H  A  P  N  W  M
M  M  Y  N  N  K  J  T  W  T  Z  S  Y  D  L
A  I  B  E  T  W  S  A  M  M  P  W  U  D  G
M  J  A  O  T  A  A  X  N  O  T  M  H  A  B
H  X  U  G  R  B  R  E  T  Y  V  N  J  X  Q
```

ASTEROID	GALAXY	METEOR	SATURN
BLACK HOLE	GRAVITY	MILKY WAY	SUNSPOT
COMET	JUPITER	NEPTUNE	URANUS
CRATER	MERCURY	ORBIT	VENUS

BIRTHDAY

```
Z  J  T  F  T  H  N  I  T  T  E  F  N  O  C
C  B  A  N  N  E  R  Y  F  C  G  E  D  Z  E
A  A  X  B  V  D  W  R  I  R  S  G  X  U  V
N  P  J  Y  L  P  I  N  E  I  Q  I  I  Y  A
D  M  Z  B  D  E  O  M  R  V  N  A  J  L  E
L  P  F  M  N  O  A  P  S  V  V  A  F  T  A
E  X  L  D  L  E  R  N  I  P  T  F  A  I  M
S  N  S  L  R  U  O  T  R  A  N  R  T  K  I
P  Y  A  T  S  B  A  E  N  T  B  R  N  G  V
C  B  S  K  B  T  S  I  X  E  E  H  X  V  I
K  V  O  I  I  E  P  P  L  A  S  Z  T  C  Y
N  Y  R  O  N  B  V  E  T  I  K  S  F  Z  V
Y  U  N  T  E  D  C  S  W  Y  E  S  R  Z  B
F  T  S  H  O  Y  T  B  I  U  I  A  U  G  I
Y  T  A  L  O  Z  V  V  G  I  L  B  O  E  U
```

BALLOON   CONFETTI   PINATA   SURPRISE
BANNER   FRIENDS   PRESENTS   TREATS
CANDLES   GUEST   RIBBON   WISH
CELEBRATE   INVITATION   STREAMER

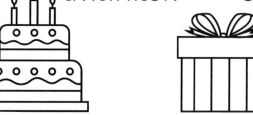

BACK TO SCHOOL

F H C L E A R N N J N J I I B
M W W Y E F R X P E N C I L D
T G H U P N L K T T R M K H S
Y P T I H L E D U C A T I O N
B M R N T X A R J X F F B I K
H E O V E E T Y N R E C E S S
Y N Y O W D B F G E D I E V E
B T S X R D U O R R W M I B R
I U E R Z S W T A I O V S H A
N Y K A O H S Y S R E U C M S
D W U Z C S Z A P S D N N Z E
E I I L G H S I L A D T D D R
R A A E Z Q E I K C P I W S X
O Q R Y E X V R C B Q E O M T
G R E K C O L U P S J L R T G

BINDER   FRIENDS   PENCIL   STUDENT
CLASSROOM   LEARN   PLAYGROUND   TEACHER
EDUCATION   LOCKER   RECESS   WHITEBOARD
ERASER   PAPER   SCISSORS

Puzzle #45
OCCUPATIONS

```
C V I X Q F P A T I S S I E R
R U O L I A S O M M E L I E R
U G J L U Q R N G B R A O F F
I T F Z C U D E L A L E E P C
L O I L B A W U F O C U B O O
L W S X T N N R A E H E Y P M
U Z H N Z A L O P W R G O R P
S P E A W I A S L L D E B G O
T O R I R C W U W O U Y E C S
R Z M C I I Y R Y W G M G T E
A P A I T S E G V Y G I B R R
T A N G E U R E L B N U S E U
O K G A R M E O V V A G Q T R
R D C M E R B N N U A R I F A
B A S T R O N A U T A Y F J U
```

ASTRONAUT NEUROSURGEON PATISSIER SOMMELIER

COMPOSER MAGICIAN PLUMBER WRITER

FISHERMAN MUSICIAN REFEREE

ILLUSTRATOR LAWYER VOLCANOLOGIST

NUTRITION

```
P  C  G  E  X  D  V  I  T  A  M  I  N  S  N
Z  E  A  H  I  Z  C  S  P  R  O  T  E  I  N
K  N  T  R  T  W  N  G  F  R  P  X  C  O  J
W  B  A  R  B  L  G  U  N  S  O  D  I  U  M
E  C  E  E  C  O  A  L  T  Y  L  T  B  Z  P
I  H  V  B  L  R  H  E  J  R  A  S  N  Y  S
G  O  L  V  C  Q  B  Y  H  R  I  C  B  E  P
H  L  H  J  Y  A  E  M  D  D  I  E  Y  J  I
T  E  C  K  W  O  L  Y  Y  R  U  P  N  D  J
Y  S  M  R  P  Z  H  C  M  G  A  E  K  T  W
B  T  B  E  V  G  W  M  I  O  R  T  G  A  S
B  E  S  B  U  V  F  Y  X  U  I  E  E  O  A
Z  R  H  I  D  J  D  D  V  R  M  E  N  S  B
T  O  C  F  Z  C  M  C  A  L  O  R  I  E  S
J  L  M  I  N  E  R  A  L  S  G  Z  E  H  E
```

CALCIUM	ENERGY	LEAN	SODIUM
CALORIES	FIBER	MINERALS	VITAMINS
CARBOHYDRATES	HEALTH	NUTRIENTS	WEIGHT
CHOLESTEROL	HYDRATION	PROTEIN	

FISH TANK

```
G A G V G O L D F I S H M N N
N N Z A L U Q B G F H X M E E
M U E S L J L N G W E X I R K
P C L G W G I C G G A A W U R
V M F P Y T A J E K T F S T E
O F A I H X Y E Q R E P Y A T
U F K G L J O Q B N R I Y R A
U P I A K T K P B S F S V E W
R L F Q H H E W M U I C L P T
B Y P G C E Z R P U B U Q M P
X F A P E B B L E S P B W E X
T U X E G F A G K N F R L T Y
X H T S J N J B P M N J I E Z
N M S A T T D F O O D N K A S
H L R S Z H K G R A V E L S U
```

AIR PUMP FOOD LIGHTING SWIM

ALGAE GOLDFISH OXYGEN TEMPERATURE

BUBBLES GRAVEL PEBBLES WATER

FILTER HEATER PLANTS

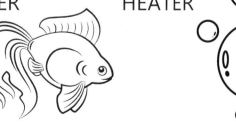

TREES

```
D  J  C  L  N  Q  L  I  R  Z  F  A  F  Y  X
J  G  K  H  O  K  Z  M  E  G  Y  I  R  C  V
J  K  G  S  L  W  C  J  B  F  K  K  A  O  L
O  T  W  Y  T  X  F  O  B  R  F  R  M  R  Y
Y  B  C  C  O  B  F  R  U  B  A  B  O  A  B
G  A  H  A  G  Y  R  S  R  C  L  A  Z  Q  L
T  M  E  M  N  G  C  P  H  U  C  C  S  E  W
I  B  S  O  O  O  A  M  E  A  E  S  P  N  I
H  O  T  R  X  L  X  A  A  D  H  K  H  I  L
C  O  N  E  M  U  L  R  A  P  W  C  A  P  L
R  U  U  H  P  G  K  R  P  V  L  L  E  O  O
I  Z  T  P  W  P  H  W  F  T  W  E  H  E  W
B  C  X  K  U  R  A  C  Y  P  R  E  S  S  B
Q  G  K  R  S  P  R  U  C  E  R  V  O  W  G
J  H  B  A  N  Y  A  N  J  E  J  K  G  K  L
```

BAMBOO	BIRCH	MAPLE	RUBBER
BANYAN	CEDAR	OAK	SPRUCE
BAOBAB	CHESTNUT	PALM	SYCAMORE
BEECH	CYPRESS	PINE	WILLOW

ORCHESTRA

```
D  E  G  H  A  J  E  H  Z  T  X  N  Z  G  C
G  H  C  X  Y  L  O  P  H  O  N  E  P  L  K
T  X  Y  H  T  Z  D  R  C  T  Y  D  A  E  D
H  S  M  H  Y  J  V  E  I  A  E  R  N  R  K
M  K  B  B  P  X  L  M  T  N  I  O  U  S  E
K  T  A  F  I  L  P  N  I  N  B  M  L  H  N
L  U  L  W  O  A  F  R  E  M  M  X  A  V  O
C  B  S  B  N  G  U  T  O  S  L  C  L  B  H
T  A  O  I  H  O  P  R  V  I  O  L  I  N  P
R  E  B  L  B  O  T  B  J  F  S  K  S  L  O
S  N  T  M  O  F  R  V  E  R  Q  Y  U  X  X
O  Y  A  U  Y  C  L  N  W  U  Q  Q  F  Z  A
X  T  O  S  L  I  C  T  E  P  M  U  R  T  S
L  U  H  G  A  F  W  I  P  I  A  N  O  V  L
G  F  L  T  A  M  S  Y  P  O  L  U  M  F  Q
```

CELLO　　　　FLUTE　　　　SAXOPHONE　　　TRUMPET

CLARINET　　HORN　　　　 TAMBOURINE　　TUBA

CYMBALS　　 PIANO　　　　TIMPANI　　　　 VIOLIN

DRUM　　　　PICCOLO　　　TROMBONE　　　XYLOPHONE

SCIENCE LAB

```
D T M C H C H P D H E X H A R
F B I X I J Y R S G G Y U T Z
D V C M Q H L O F M K V B C R
V B R S L I T M U S P A P E R
S E O R E T O R T S T A N D U
T A S C H T W E E Z E R S Q Z
O K C C V A S O L U T I O N E
P E O K Y Q Y R F U N N E L U
W R P Q N C H E M I C A L C T
A Z E C Q V N V H T A E Q R W
T X C Y L I N D E R T I G C S
C G O G G L E S M E W W Z L Q
H R B R E N R U B N E S N U B
J P U U O P E T R I D I S H I
R E B U T T S E T K X W Q Y J
```

BEAKER
BUNSEN BURNER
CHEMICAL
CYLINDER

FUNNEL
GOGGLES
LITMUS PAPER
MICROSCOPE

PETRI DISH
RETORT STAND
SOLUTION

STOPWATCH
TEST TUBE
TWEEZERS

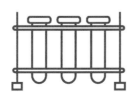

Puzzle #51
SUMMER

```
T  S  N  Q  B  G  W  H  Q  I  E  D  C  W  F
R  M  E  B  K  K  A  A  S  C  I  N  C  I  P
U  D  S  S  F  P  R  F  T  R  B  E  A  C  H
R  E  X  J  S  M  O  A  T  E  Z  O  S  O  X
Q  B  X  N  B  A  H  P  P  I  R  B  C  Z  A
O  T  K  E  M  S  L  D  S  E  K  P  A  O  Y
M  H  R  E  S  O  P  G  S  I  M  J  A  C  Y
A  T  K  R  B  U  O  E  N  U  C  E  X  R  J
E  O  D  C  U  K  N  D  E  U  R  L  H  C  K
R  F  B  S  N  U  J  T  B  D  S  F  E  T  F
C  R  G  N  D  N  A  S  A  M  B  D  I  R  C
E  A  Q  U  S  F  D  D  L  N  J  O  E  N  D
C  E  W  S  W  F  K  A  D  V  P  X  A  U  G
I  T  I  U  S  M  I  W  S  G  Y  I  U  T  N
L  D  S  P  L  A  S  H  H  W  K  X  S  C  H
```

BEACH   SAND   SUNGLASSES   SWIMSUIT
ICE CREAM   SPEEDBOAT   SUNSCREEN   THEME PARK
PICNICS   SPLASH   SURFING   WATER PARK
POPSICLE   SUN TAN

SWIMMING POOL

```
H  Q  E  L  X  W  V  Z  E  E  Z  U  D  G  J
H  F  L  N  C  E  O  A  N  Q  E  L  F  Q  H
H  U  N  D  E  R  W  A  T  E  R  R  D  C  B
B  W  V  R  B  Q  E  R  I  V  E  H  Q  I  E
S  F  L  I  P  T  U  R  N  E  X  H  R  D  M
W  N  R  X  L  O  K  Z  S  L  U  V  I  T  R
I  P  I  Q  C  B  D  T  I  K  U  L  G  I  B
M  A  I  B  Q  I  Y  F  C  Y  S  O  H  U  J
C  D  Z  Z  V  L  E  H  E  R  O  S  T  S  B
A  D  B  E  E  G  L  L  E  G  A  T  C  M  G
P  L  T  C  U  O  B  T  L  L  E  R  K  I  U
O  E  F  A  R  B  A  E  P  R  X  O  G  W  V
Q  V  R  I  U  W  S  S  F  U  I  G  L  S  B
H  D  N  B  E  N  U  L  Z  Y  J  F  N  A  A
P  E  L  I  G  R  Y  Z  E  H  W  Y  I  R  J
```

BUBBLE	FLIP TURN	PADDLE	SWIMSUIT
BUTTERFLY	FREESTYLE	SPLASH	UNDERWATER
CHLORINE	GOOGLES	SWIM CAP	WATER SLIDE
DIVE	LIFE GUARD		

UNDER THE SEA

```
I L C T Z I P T I S J N V F V
X H O R J J T N P E H A M Z A
B S N E M F W U L C O R A L S
F I G G Y H R L U Q T T I X F
P F S I A C Y G X D R M H H J
L Y Z L H F C L O W N F I S H
S A E I I E C L X X S H T B V
T R N S A P P C X W R Q H X S
A C H G D H E N D E R V K S C
R S L R I E B S T I N G R A Y
F A P N W W E S B T Y A L B K
I H S R R K B W C S Q U I D F
S K Z W F O D U A Q I K K L F
H B P U L Y T Z O E Q M L Q O
N Z U E N O M E N A S O S W D
```

ALGAE
ANEMONE
CLOWNFISH
CORALS

CRAYFISH
DOLPHINS
JELLYFISH
LOBSTER

SEAWEED
SQUID
STARFISH

STINGRAY
URCHIN
WHALE

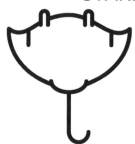

Puzzle #54
AUTUMN

```
F W M W M V L L D I K K Y S E
O I R H H E M F P J B S X Y G
O C D M A E R A C O R N P T T
B A Z V L R E U K V N A B P P
U B E E W E V L S C C M K Y P
L S S X H G R E B T I D Q H B
A E Y C L S M R S A L D K D X
V U K E A F L Z I T R I E H Q
H B Y A K R J H V U F R N R U
S I R B R E O E F Q Y O G I
A P U O I W U C V N P S S W L
U U R B W T F T R T T P H A T
Q Z O R A N G E L O E E T Y J
S B X Z A C M C W W W J M Q Z
Y C B N Q G O I N I K P M U P
```

ACORN   LEAVES   RAKE   SQUIRREL
BROWN   ORANGE   RUSTLING   TURKEY
CIDER   PUMPKIN   SCARECROW   WHEELBARROW
HARVEST   QUILT   SQUASH

HALLOWEEN

```
T  K  D  R  S  O  R  A  N  G  E  D  V  R  G
M  H  A  E  E  K  R  U  V  G  H  O  U  L  S
Y  G  M  O  T  M  E  P  P  M  Z  D  A  V  J
M  O  S  F  K  N  S  L  M  X  R  U  F  M  U
M  L  E  L  R  K  U  O  E  A  G  K  B  H  K
U  D  A  Y  P  Y  N  A  Y  T  X  M  F  P  G
M  S  D  P  O  S  U  E  H  I  O  F  I  M  M
N  P  I  S  T  F  V  G  G  I  R  N  T  A  Q
I  I  P  E  C  A  U  L  D  R  O  N  Y  M  V
K  D  R  K  R  E  O  L  D  L  T  R  W  Y  M
P  E  F  G  E  S  E  M  U  T  S  O  C  K  E
M  R  L  R  D  S  T  O  I  U  C  V  Q  O  Y
U  F  I  S  E  E  R  E  B  O  T  C  O  O  Y
P  E  N  R  G  K  V  M  F  N  N  E  B  P  M
P  Z  O  M  B  I  E  I  M  V  O  M  D  S  J
```

CAULDRON	GRAVEYARD	OCTOBER	SPIDER
COSTUMES	HAUNTED	ORANGE	SPOOKY
EERIE	MONSTER	PUMPKIN	ZOMBIE
GHOULS	MUMMY	SKELETON	

ANIMALS WITH FEATHERS

```
U  N  A  C  I  L  E  P  M  O  V  D  H  R  J
A  K  C  O  C  A  E  P  G  R  M  R  H  M  Q
W  P  C  H  I  C  K  E  N  A  X  I  G  N  F
M  E  V  O  Y  M  A  G  C  O  V  B  W  E  G
T  N  C  K  K  T  N  A  T  F  B  G  L  Z  O
H  G  R  F  I  Y  W  A  K  I  B  N  X  H  O
C  U  L  M  N  D  G  S  C  L  K  I  B  D  S
I  I  L  E  G  V  K  N  A  W  S  M  B  V  E
R  N  V  A  F  T  U  R  V  N  W  M  U  S  D
T  N  E  G  I  H  O  L  O  O  U  U  N  T  S
S  U  A  L  S  O  U  U  T  T  L  H  O  O  W
O  O  Y  E  H  T  K  L  C  U  S  V  C  R  S
S  G  G  X  E  N  I  O  G  A  R  C  L  R  Q
R  P  Q  O  R  B  Y  M  A  A  N  E  A  A  G
S  A  O  V  S  G  W  I  I  K  D  N  F  P  A
```

CHICKEN	HUMMINGBIRD	PARROTS	STORK
EAGLE	KINGFISHER	PEACOCK	SWAN
FALCON	MACAW	PELICAN	TOUCAN
GOOSE	OSTRICH	PENGUIN	VULTURE

VEGETABLES

```
M  I  L  N  F  J  O  F  H  X  M  A  P  U  T
Q  C  E  C  J  M  B  R  A  B  U  H  R  C  M
E  X  T  E  B  A  S  I  L  G  L  S  S  C  S
R  U  T  L  I  T  E  B  R  C  L  Q  O  Z  H
K  W  U  E  S  W  G  W  P  C  X  U  S  R  P
P  I  C  R  T  F  G  E  I  M  S  A  P  F  O
U  K  E  Y  U  E  P  Y  N  E  G  S  I  Z  L
M  W  Z  W  O  N  L  M  R  D  J  H  N  E  L
P  B  L  B  R  N  A  U  U  W  O  W  A  E  W
K  K  N  W  P  E  N  T  T  D  X  F  C  X  B
I  L  D  O  S  L  T  V  P  D  G  H  H  G  W
N  X  F  P  S  S  E  R  C  C  A  R  R  O  T
B  R  X  C  P  O  T  A  T  O  E  D  A  X  J
Q  Q  C  H  I  V  E  D  F  H  D  A  X  V  J
M  T  E  Z  B  R  O  C  C  O  L  I  J  M  S
```

BASIL	CHIVE	LETTUCE	SPINACH
BROCCOLI	CRESS	POTATO	SPROUTS
CARROT	EGGPLANT	PUMPKIN	SQUASH
CELERY	FENNEL	RHUBARB	TURNIP

ZODIAC SIGNS

```
F  F  C  W  E  L  I  B  R  A  H  B  F  E  T
J  J  G  E  M  I  N  I  P  S  C  C  L  U  U
T  I  K  Z  C  I  F  L  E  A  N  N  H  T  G
B  H  T  A  U  R  U  S  R  G  A  Z  U  Y  L
D  M  E  R  P  H  V  O  S  I  P  R  H  A  C
V  A  T  S  N  Q  W  G  O  T  I  E  O  F  A
A  K  A  Y  I  V  H  R  N  T  E  C  I  Z  P
Q  P  D  G  B  X  N  I  A  A  C  N  P  W  R
U  X  H  O  G  E  A  V  L  R  E  A  R  D  I
A  E  T  L  Q  R  R  Q  I  I  S  C  O  Z  C
R  C  R  O  I  X  I  F  T  U  N  X  C  W  O
I  K  I  R  V  K  E  B  Y  S  U  X  S  X  R
U  J  B  T  F  N  S  O  E  H  P  X  R  D  N
S  S  B  S  F  C  E  L  E  S  T  I  A  L  R
I  Z  Q  A  P  K  L  E  O  V  J  X  M  L  O
```

AQUARIUS	CANCER	LEO	SAGITTARIUS
ARIES	CAPRICORN	LIBRA	SCORPIO
ASTROLOGY	CELESTIAL	PERSONALITY	TAURUS
BIRTH DATE	GEMINI	PIECES	VIRGO

OLYMPICS

```
U D G Y A D B R O N Z E Z E U
T D S M E R O C S C R S Q Q A
T J L S V C D V M H N N C U V
R B A T O O Q V X A S O S D U
O H D R Z U H C L M M M W C Q
P M E O S N O P Y P U Q T Z B
H D M P L T I R E I S R J C P
Y L K S F R C T D O Y L E A X
O J K A X I E A B N P R T U B
Y G F T A E T T Z O E P R G W
Z O W H T S G O D M Z E G B I
S L A L R X R I O O V F L Z Y
E D K E A J U N Q L O P E T E
H N J T T M Y O I P K L K E I
A S U E S F R S V H M N Q V I
```

ATHLETE

BRONZE

CEREMONY

CHAMPION

COMPETE

COUNTRIES

GOLD

MEDALS

PODIUM

SCORE

SILVER

SPORTS

STADIUM

START

TROPHY

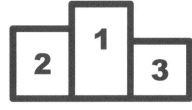

COLORS

```
A  H  B  S  A  K  G  R  C  Q  L  C  Y  A  N
O  U  X  Z  P  E  I  K  A  H  K  Y  Z  V  U
Z  O  C  V  P  U  R  P  L  E  Z  T  H  F  G
J  S  O  T  K  Z  H  J  P  N  R  N  R  T  R
I  F  R  T  F  I  Q  A  Y  O  E  I  Z  K  A
O  O  A  Z  G  R  E  E  N  M  V  M  Y  T  Y
U  N  L  F  J  W  Z  F  B  L  L  R  X  U  P
A  W  T  E  L  O  I  V  I  A  I  Q  E  R  I
J  A  U  K  Y  S  Q  J  K  S  S  S  K  Q  K
Q  T  E  A  W  H  Y  Q  S  L  C  Y  C  U  H
E  T  A  X  C  T  B  E  L  A  X  X  K  O  V
K  B  E  E  T  I  H  W  L  N  J  J  C  I  R
J  O  L  A  B  W  C  H  P  L  A  O  A  S  Z
L  U  V  I  L  Q  Z  E  H  D  O  U  L  E  Y
E  G  A  U  X  V  R  W  E  F  O  W  B  C  S
```

BLACK	GREEN	PURPLE	TURQUOISE
CORAL	JADE	SALMON	VIOLET
CYAN	KHAKI	SILVER	WHITE
GRAY	MINT	TEAL	YELLOW

COOKING UTENSILS

```
A  N  L  Y  H  G  U  Y  K  X  O  X  T  W  X
S  X  G  S  P  C  Z  R  T  T  A  H  G  G  L
P  M  A  N  D  O  L  I  N  E  E  K  V  M  B
F  S  S  U  G  D  O  L  C  R  Q  R  B  G  L
E  G  I  A  D  R  A  R  M  U  I  R  W  R  E
L  N  R  F  U  K  M  O  V  R  B  E  T  E  N
A  B  X  O  T  C  M  A  D  D  A  D  V  N  D
C  T  T  C  L  E  E  Z  M  K  S  N  U  E  E
S  E  A  I  T  L  R  P  S  H  T  A  N  P  R
M  L  D  E  M  W  I  I  A  R  E  L  J  O  L
U  L  R  W  U  E  H  N  E  N  R  O  U  N  Q
G  I  I  U  A  W  R  L  G  N  H  C  I  A  J
B  K  D  K  K  V  D  F  H  P  L  Q  C  C  J
P  S  M  Z  V  A  J  T  I  W  I  B  E  P  L
P  U  N  T  L  P  E  E  L  E  R  N  R  E  J
```

BASTER	JUICER	ROLLING PIN	SKILLET
BLENDER	LADLE	SAUCEPAN	THERMOMETER
CAN OPENER	MANDOLINE	SCALE	TIMER
COLANDER	PEELER	SIFTER	WHISK

SANTA

```
C  Q  G  V  P  O  B  P  R  A  E  P  F  H  G
R  H  E  S  C  E  Y  E  R  C  B  L  L  J  N
F  Y  A  R  L  H  C  Y  A  E  B  J  F  O  I
T  D  H  V  R  E  R  X  X  R  S  G  V  L  K
X  P  F  U  C  H  I  I  Z  P  D  E  M  L  C
F  J  Y  P  G  A  Y  G  S  S  R  I  N  Y  O
J  Q  R  E  S  N  N  U  H  T  H  J  T  T  T
W  K  S  E  N  N  O  D  M  P  M  I  R  N  S
O  T  Q  E  I  M  O  R  Y  Q  S  A  V  S  S
R  S  I  K  F  N  I  W  T  C  T  Y  S  H  N
K  P  A  U  H  X  D  H  F  H  A  I  O  X  O
S  K  P  C  P  H  Q  E  C  L  P  N  F  T  W
H  W  I  N  T  E  R  Y  E  S  A  O  E  T  U
O  T  I  Z  L  B  H  V  F  R  Z  K  L  S  J
P  J  Z  D  G  F  L  A  Y  A  X  V  E  E  Z
```

BEARD	ELF	REINDEER	STOCKING
CANDY CANES	JOLLY	SLEIGH	TOYS
CHIMNEY	NORTH POLE	SNOW	WINTER
CHRISTMAS	PRESENTS	SNOWFLAKE	WORKSHOP

SKI TRIP

```
B  H  V  Y  O  G  K  C  D  K  M  T  G  T  X
E  G  L  L  Q  W  Y  O  T  Z  Y  O  R  L  E
H  L  I  B  G  M  W  F  L  G  N  A  E  O  H
J  O  I  H  G  N  Y  M  T  D  I  N  W  B  J
K  V  M  P  H  P  Q  L  O  L  L  N  O  E  E
Q  E  I  I  G  M  Z  L  P  V  C  B  D  T  N
S  S  L  N  S  J  A  K  D  G  R  P  R  Y  I
V  L  C  H  A  I  R  L  I  F  T  O  U  Z  P
S  N  R  S  H  J  X  G  R  K  S  T  S  O  L
U  V  B  T  R  H  V  O  E  E  N  Q  L  M  A
M  N  H  O  W  L  U  G  R  Z  C  E  O  S  Z
M  Z  F  O  U  V  S  G  F  J  S  L  P  P  K
I  K  Z  B  R  O  K  L  N  G  A  C  E  E  R
T  M  D  Y  L  N  I  E  R  L  K  P  S  E  S
S  G  Y  Y  X  U  S  S  S  N  O  W  Q  D  X
```

ALPINE

BOOTS

CHAIRLIFT

DOWNHILL

GLOVES

GOGGLES

GONDOLA

POLES

RESORT

SKIS

SLALOM

SLOPES

SNOW

SPEED

SUMMIT

TRAIL

WILD ANIMALS

```
M L A B L A W E L O N B V F S
C R X M L E C R O C O D I L E
J Y A A C H E E T A H W I W B
T G O P L G M P E N G U I N K
F K I X O Z O E J E M P U A R
O U X R R S P H N Q O A N E O
F B K K A N S I E L F G I D Y
B V W K K F P U A G A N X J B
F X Q J L U F R M R D M X S M
G D V A C E B E O E O E G N U
T V D R A E G O E O E R H G T
O S O G A S I R S C D I D I Y
C P L R O B W E F D Y O I C V
Y E E Z R Q S P E E J R E E F
L D C Z P C U N L E O P A R D
```

CHEETAH	HEDGEHOG	MOOSE	POSSUM
CROCODILE	KANGAROO	PENGUIN	REINDEER
EAGLE	KOALA	POLAR BEAR	
GIRAFFE	LEOPARD	PORCUPINE	

WAYS TO COOK EGGS

```
N D E O D E V I L E D X K X D
M A N H M V X S T E A M N M S
N O C F C E G L P Z K C K A W
X B D L U I L P M V R C T L J
U J E S O S U E Y P D A O E Z
M E I U N U K Q T B T V L S D
D E R N F B D R A T E F O C E
T O F N E X I S I R K F U R L
P W S Y L A T R E N T V Y A I
I F N S K E F A V B F R B M O
J J F I D P S B O X D A S B B
R B K D K Y C I O U K U F L D
S F R E B Z L H U E T J Y E R
D X D U D E K K D P V P I D A
G N A P D N F S O U F F L E H
```

BAKED

BASTED

CLOUD

DEVILED

FRIED

FRITTATAS

HARD BOILED

OMELET

OVER EASY

QUICHE

SCRAMBLED

SOFT BOILED

SOUFFLE

STEAM

SUNNY SIDE UP

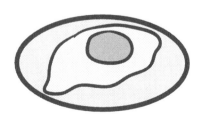

GARDEN

```
Q R Y B T F R E N E D R A G G
N S T S W Y J Y S G I H B T E
M N R Q A J P M P Z W A Q S B
N M A A T S N S A I O L H E H
D H G M E Y D H D T R G L V T
R P A V R H R E E D R R H R Y
E O R Q I R S S E R A E S A B
H U D Q N L P H T S B E I H X
F T E K G M T O S Z L N K P T
O D N R C D U V O Q E H T C N
O O H K A M N E P C E O V U B
N O O G N J S L M N H U W H M
X R S C C M U V O F W S I C Q
V S E S O I L V C P H E N Z A
F O Y W J E K A R S N A I L S
```

COMPOST

GARDEN HOSE

GARDENER

GREENHOUSE

HARVEST

OUTDOORS

RAKE

SEEDS

SHEARS

SHOVEL

SNAILS

SOIL

SPADE

WATERING CAN

WHEELBARROW

ZOO

```
Z  C  E  W  D  S  P  P  F  E  A  M  O  K  G
K  E  K  E  I  Y  E  W  S  K  A  H  O  H  R
S  L  I  V  T  N  W  I  A  R  H  A  B  I  G
E  I  T  H  G  A  O  N  M  I  L  Q  K  K  H
F  R  O  U  F  T  G  A  H  A  I  C  J  G  D
M  N  I  Z  R  A  D  D  K  Z  O  E  M  X  S
A  N  L  O  R  I  C  R  O  C  O  D  I  L  E
C  G  T  O  L  B  T  Y  A  V  G  J  M  S  C
A  Y  O  L  D  I  F  E  T  Q  T  Y  A  C  V
W  X  O  Q  W  P  P  B  D  C  W  A  U  R  E
X  B  P  O  L  A  R  B  E  A  R  Y  B  J  K
Y  C  H  E  E  T  A  H  O  S  T  R  I  C  H
V  H  T  O  T  T  E  R  W  F  F  A  B  O  N
W  L  H  M  A  N  A  T  E  E  T  V  C  L  X
B  V  F  W  V  M  E  E  R  K  A  T  O  J  N
```

ARMADILLO	KOALA	OSTRICH	POLAR BEAR
CHEETAH	MACAW	OTTER	PYTHON
CROCODILE	MANATEE	PEACOCK	TORTOISE
KANGAROO	MEERKAT	PENGUIN	

EARTH DAY

```
O  Z  R  E  U  I  W  A  D  F  T  L  J  T  M
B  P  E  L  O  X  Y  G  E  N  Y  Y  N  T  T
Z  O  V  D  R  M  T  R  H  I  E  E  T  A  O
J  Z  R  T  E  L  P  U  U  C  M  R  T  T  X
R  O  E  A  C  K  P  L  A  N  E  T  O  I  L
N  N  S  Z  Y  T  X  Z  O  E  Q  A  F  B  U
J  E  N  B  C  N  X  R  S  E  P  C  Q  A  G
R  K  O  O  L  K  I  Z  S  O  R  I  Y  H  N
E  F  C  Z  E  V  T  U  L  E  R  T  M  C  G
U  L  E  D  N  R  E  L  D  X  G  S  H  L  J
S  W  J  E  A  A  U  U  Y  U  P  A  J  I  K
E  Q  R  S  R  T  C  U  R  S  W  L  W  M  M
X  W  H  T  I  E  R  R  T  O  M  P  G  A  D
X  M  H  O  P  U  N  A  E  L  C  G  C  T  H
G  W  N  R  A  T  M  T  O  B  Z  G  J  E  D
```

CLEANUP
CLIMATE
CONSERVE
EARTH

ENVIRONMENT
HABITAT
OXYGEN
OZONE

PLANET
PLASTIC
POLLUTION
RECYCLE

REDUCE
REUSE
TRASH
TREES

ARTS AND CRAFTS STORE

R S Z S E H S U R B C M A U V
P A R Y R W S H F H Q G H S N
V X Q E R L E V A D H N T D R
Q I B Z K B J R L W F E C D E
E O R S C R C H H W N C G X N
M Q E W P O A A L C S L N W E
B D S Y A E C M I N I U V A P
O W I L T R N L F T F R W T R
S N N P Y A L C T O D L S E A
S E Y L M V V E I G M A C R H
N J I S L U R M Y L V F M C S
W C K J O J C O G N U D I O V
P C A L L I G R A P H Y F L Y
K P O F G E X C N D M P Q O O
X B K F X N O Y A R C Y Y R Q

ACRYLIC
BRUSHES
CALLIGRAPHY
CANVAS

CHARCOAL
CRAYON
EMBOSS
GLITTER

MARKERS
PENCIL
RESIN

SHARPENER
STENCIL
WATERCOLOR

EASTER

```
L  L  H  V  K  S  F  X  W  K  K  C  P  A  R
E  D  E  W  Z  T  G  C  A  R  T  A  H  N  N
U  N  U  T  Q  C  H  N  S  F  Z  K  P  A  I
K  O  F  U  S  U  H  C  I  P  B  U  N  N  Y
D  I  B  M  S  A  K  O  R  L  I  K  L  N  N
O  T  A  A  U  Y  P  C  C  U  K  L  G  R  R
S  I  Z  B  S  S  G  D  V  O  H  C  U  M  Q
S  D  Y  T  O  K  O  G  L  E  L  C  U  T  Y
V  A  C  A  T  N  E  F  X  S  U  A  N  D  F
N  R  Z  S  D  P  N  T  T  F  U  F  T  W  L
L  T  U  I  P  I  I  E  U  A  H  N  X  E  D
X  N  Z  L  E  R  L  C  T  M  S  A  D  S  I
V  S  I  C  T  N  I  O  Z  I  G  D  T  A  C
M  W  X  Y  Y  O  H  N  H  L  G  D  X  C  Y
F  T  T  V  U  I  N  K  G  Y  E  V  P  G  H
```

BASKET	CHURCH	HATCH	SUNDAY
BONNET	DUCKLINGS	HOLIDAY	TRADITION
BUNNY	EGGS	PASTEL	TULIPS
CHOCOLATE	FAMILY	SPRING	

BABY ANIMALS

```
L  X  W  C  Q  D  C  H  Y  J  O  E  Y  H  J
D  C  P  E  A  T  U  T  M  P  G  E  D  E  W
F  W  Y  G  M  I  H  C  A  N  A  R  G  K  D
D  P  Q  A  T  U  R  A  K  D  C  H  I  C  K
O  S  O  T  E  M  X  C  T  L  P  A  A  V  R
U  N  O  W  L  E  T  V  V  C  I  O  L  Z  X
V  Y  R  S  G  Q  R  V  D  I  H  N  L  F  U
M  V  G  H  A  M  U  P  E  J  N  L  G  E  J
K  P  G  A  E  Y  G  D  R  R  A  F  I  W  G
F  H  Y  K  S  G  O  S  L  I  N  G  A  N  I
F  E  J  G  P  U  P  P  Y  M  P  C  M  N  G
O  U  N  E  L  J  Y  B  F  W  A  V  A  F  T
A  S  W  A  T  Y  J  B  Y  F  K  A  R  D  D
L  R  M  G  G  S  G  J  F  A  W  N  Y  Y  E
Z  B  O  U  I  N  E  T  T  I  K  M  J  R  V
```

CALF	EAGLET	HATCHLING	LAMB
CHICK	FAWN	INFANT	OWLET
CRIA	FOAL	JOEY	PUPPY
DUCKLING	GOSLING	KITTEN	TADPOLE

SPORTS

R M N D G L S G C S A S V B B
P A H I N L I H W P F C S J A
D R I X I L N K Q E O I V S S
U A D T T A N L M E O T V W K
I T N L F B E R S D T S P I E
A H S B I Y T Y R S B A K M T
M O I A L E E X K K A N L M B
G N A D T L L L S A L M A I A
D S G M H L B U H T L Y R N L
Q Q S I G O A H Z I M G C G L
E U T N I V T I P N Y N H T R
N A U T E T F X M G T F E W X
C S I O W J E R S A E X R Z Q
U H A N L V B I T P U Z Y V U
O X Q A A T U C G S X F S U V

ARCHERY	FOOTBALL	SPEED SKATING	TABLE TENNIS
BADMINTON	GYMNASTICS	SQUASH	VOLLEYBALL
BASKETBALL	MARATHON	SWIMMING	WEIGHTLIFTING

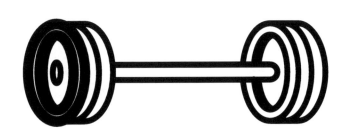

PIRATES

```
E  Z  B  B  T  U  O  E  D  I  H  I  I  P  D
B  X  H  Q  F  U  D  H  F  X  U  O  F  F  W
D  V  X  U  S  S  E  S  C  Y  C  R  V  F  P
X  E  W  F  Y  G  W  A  R  E  I  D  P  S  U
J  L  Y  V  R  O  P  E  A  A  H  R  A  Q  R
K  S  K  Z  R  T  B  N  S  O  R  A  B  X
N  L  N  D  A  B  V  R  S  D  V  O  R  P  T
P  E  T  I  O  O  O  O  C  Y  L  F  O  R  K
H  W  N  R  P  C  P  C  U  O  X  O  T  D  P
S  E  G  P  G  W  Y  L  O  X  I  I  G  P  P
P  J  P  V  S  Y  E  J  A  H  T  N  K  P  R
Y  E  R  U  S  A  E  R  T  N  K  P  S  I  U
C  L  S  H  O  R  E  T  C  I  K  R  E  M  G
G  J  V  H  H  C  T  A  P  E  Y  E  Z  O  B
H  M  V  S  K  U  L  L  D  P  Y  R  E  L  S
```

CAPTAIN   EYE PATCH   OCEAN   SHORE
COINS   GOLD   PARROT   SKULL
CORSAIR   HIDEOUT   PLANK   SWORD
CREW   JEWELS   ROBBERY TREASURE

FLIGHTLESS BIRDS

```
A C L R E W V R F V O Y O X C
N H M A B T S O P L N A A V K
P V C D E U A C X Y Q L E U A
S T B F R T K K S U T J A H D
V J Z W G M L V A H V T M B R
G I J E A H V L H H A A X O C
F V Y K C A A O E E E V R G A
W O R A A W B B R B F L O P V
S S A A C S P G R O P P Z E D
O T W C I R P Y T C A M J M Y
D R O V T P D D Z K P Y A U V
K I S D I G O J A C Q N Z C G
I C S R T D T K P E N G U I N
W H A G O G U A M R A I L M H
I S C Y O N V P F T B S A G O
```

CAMPBELL TEAL

CASSOWARY

DODO

EMU

GREAT AUK

GUAM RAIL

KAKAPO

KIWI

MOA

OSTRICH

PENGUIN

RHEA

TAKAHE

TITICACA GREBE

WEKA

SAFARI

```
Q T X U A T B I S O N H L B O
Z L N M F O R D W C R A G K G
W H N A C O W E E T N R C F N
T I O N H V Y L P D A U S A I
C P I O G P L S S B J C B E M
L B T T J E E C Y I L U K Z A
V P A V Z N A L V N T R K Y L
U J R A V P S C E O S Y D Z F
L V G A E S O R E C O N I H R
T W I Q F W S G V U J M X N A
U D M T W R K F Y L P N C A Q
R M U M L L I N S A Q Y N N B
E L X Y R O Y C L R T N W K N
S L O A K J H A A S L J L L H
Y Q K A N T E L O P E F I I X
```

AFRICA
ANTELOPE
BINOCULARS
BISON

ELEPHANT
FLAMINGO
GAZELLE

IMPALA
LANDSCAPE
MIGRATION

ORYX
RHINOCEROS
VULTURES

DESSERTS

P	B	U	E	I	P	E	L	P	P	A	F	K	M	Z
C	R	E	C	O	O	K	I	E	S	Z	O	U	B	C
I	Y	U	L	B	X	W	M	I	E	E	F	S	D	V
Q	J	K	P	G	Y	D	P	M	P	F	I	U	Z	U
O	O	B	O	P	I	U	M	N	I	Y	B	N	F	A
N	R	R	W	K	D	A	P	N	D	B	Y	D	N	I
C	E	O	R	D	Q	I	N	W	G	B	W	A	D	K
N	D	W	I	U	Y	Q	S	W	S	J	F	E	R	S
O	M	N	Z	W	H	O	T	E	A	B	O	F	V	C
B	G	I	L	V	R	C	M	K	D	F	K	R	W	O
N	Q	E	S	B	E	O	M	A	R	A	F	B	N	N
O	P	H	E	A	U	G	V	C	Z	H	N	L	B	E
B	Y	T	Z	S	Z	D	D	P	Z	Z	I	I	E	E
U	U	A	S	J	S	L	M	U	H	J	Q	Q	S	T
S	Z	E	T	X	U	T	Y	C	F	N	K	K	G	H

APPLE PIE	CHURRO	FUDGE	SCONE
BELGIAN WAFFLE	COOKIES	MOUSSE	SORBET
BONBON	CUPCAKE	MUFFIN	SUNDAE
BROWNIE	DANISH	PUDDING	

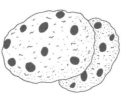

OUTSIDE YOUR WINDOW

```
M  G  Z  C  D  M  V  O  T  O  G  N  Z  C  G
I  E  J  M  F  F  J  Z  S  M  A  Z  S  Z  A
M  G  Z  L  P  Y  O  O  U  X  R  U  S  K  R
A  L  J  E  A  F  O  O  T  P  A  T  H  O  D
N  X  P  C  D  M  G  H  D  C  G  G  S  V  E
D  M  F  N  L  X  X  A  J  R  E  Y  E  R  N
M  M  F  E  O  E  N  V  O  L  B  R  Z  J  H
A  U  P  F  C  T  J  B  A  R  A  T  F  D  L
I  C  Q  Z  K  A  H  W  I  N  C  T  J  R  D
L  C  H  J  N  G  N  C  D  Y  Q  V  V  I  R
B  M  H  K  I  H  K  A  L  A  Z  M  F  V  S
O  D  S  E  J  S  S  R  I  A  T  S  Z  E  O
X  K  N  B  Y  L  M  L  L  C  P  B  F  W  S
N  J  Y  A  W  H  T  A  P  Z  T  F  C  A  O
O  D  R  A  Y  T  N  O  R  F  Y  O  B  Y  L
```

BRICKS	FRONT YARD	LAWN	PATHWAY
DRIVEWAY	GARAGE	MAILBOX	STAIRS
FENCE	GARDEN	NEIGHBOR	VERANDA
FOOTPATH	GATE	PADLOCK	

WEATHER

```
L  M  I  S  T  F  B  S  N  B  E  O  S  M  S
W  F  F  H  L  R  R  L  I  L  K  V  I  G  H
J  V  V  N  C  E  P  O  I  W  N  E  U  F  M
I  V  X  E  D  D  H  Q  S  Z  T  R  L  I  Z
S  I  R  R  J  N  J  G  G  T  Z  C  P  R  S
D  R  I  A  I  U  H  U  M  I  D  A  A  Q  E
R  G  S  J  W  H  H  S  W  J  W  S  R  E  V
I  A  N  U  A  T  G  A  A  J  C  T  A  D  A
Z  T  T  I  N  T  F  H  I  O  K  S  M  D  W
Z  U  O  H  N  N  B  L  L  A  U  Q  S  T
L  U  B  R  G  T  Y  Q  O  I  E  S  P  H  A
E  C  L  M  N  U  H  L  H  O  T  T  N  E  E
P  E  Q  G  F  A  O  G  O  Q  D  O  F  Q  H
X  D  F  V  G  L  D  R  I  C  J  R  O  P  W
J  B  T  Y  Y  U  E  O  D  L  J  M  O  C  A
```

BLIZZARD	FROST	LIGHTNING	STORM
DRIZZLE	HAIL	MIST	SUNNY
DROUGHT	HEATWAVE	OVERCAST	THUNDER
FLOOD	HUMID	SQUALL	TORNADO

SCHOOL SUBJECTS

```
B  D  R  E  S  E  K  G  U  U  B  Q  R  U  P
E  N  E  H  E  N  V  G  B  I  O  L  O  G  Y
C  Y  T  N  I  G  C  I  S  U  M  G  V  Y  X
O  I  U  M  D  L  B  V  V  W  J  E  S  R  H
N  Y  P  A  U  I  V  J  P  D  Z  O  P  T  L
O  B  M  T  T  S  G  S  Y  C  P  G  A  S  L
M  L  O  H  S  H  A  H  P  U  H  R  N  I  T
I  R  C  E  L  L  O  R  A  R  Y  A  I  M  N
C  R  F  M  A  U  U  G  T  D  S  P  S  E  T
S  W  A  A  I  I  U  K  R  Q  I  H  H  H  S
A  L  T  T  C  W  M  A  M  E  C  Y  M  C  T
M  O  I  I  O  W  M  N  V  J  S  O  F  A  R
N  Q  Z  C  S  A  B  S  C  I  E  N  C  E  O
E  D  G  S  N  Q  O  B  N  I  T  P  F  R  P
R  R  J  D  F  A  H  I  S  T  O  R  Y  R  S
```

ART	DRAMA	HISTORY	SCIENCE
BIOLOGY	ECONOMICS	MATHEMATICS	SOCIAL STUDIES
CHEMISTRY	ENGLISH	MUSIC	SPANISH
COMPUTER	GEOGRAPHY	PHYSICS	SPORTS

CHOCOLATE

```
D  J  D  Q  C  E  D  Q  Y  N  B  E  A  N  S
V  R  W  B  Y  O  Y  R  D  X  O  P  P  X  F
J  I  T  Q  N  Z  N  R  I  L  B  X  O  D  P
C  M  J  E  W  G  I  F  V  H  V  H  W  E  Q
U  Z  V  G  M  Z  S  T  E  C  F  X  D  E  N
U  S  Q  B  Z  P  O  T  E  C  Y  W  E  U  K
B  W  M  L  A  A  E  H  R  J  T  R  R  B  F
E  E  E  Q  C  K  C  R  C  U  E  I  T  G  G
X  E  W  A  Y  A  I  R  I  D  F  R  O  R  F
R  T  C  J  N  F  E  N  W  N  E  F  T  N  R
V  X  D  A  H  A  M  O  G  S  G  Y  L  D  E
A  N  G  F  M  T  P  Y  S  F  K  G  F  E  G
S  Q  W  Y  N  F  H  E  V  D  A  R  K  F  D
K  W  Z  J  W  S  D  T  B  U  T  T  E  R  U
V  A  B  A  N  S  F  K  V  R  J  A  I  W  F
```

BAKING	CONFECTION	DRIZZLE	POWDER
BEANS	CREAMY	FUDGE	SWEET
BUTTER	DARK	GANACHE	TEMPERING
CACAO	DESSERT	POWDER	TRUFFLE

PARTS OF THE BODY

```
M  I  W  N  P  S  F  O  R  E  A  R  M  O  N
E  P  J  H  S  T  R  L  C  H  E  S  T  J  T
Y  I  T  L  R  O  O  E  M  P  D  Z  F  Q  V
E  M  Q  L  C  M  N  T  A  R  I  Q  A  Q  S
B  S  F  F  P  A  O  I  C  B  M  E  F  E  N
R  R  B  O  U  C  J  B  T  H  L  H  R  W  O
O  I  A  Y  R  H  O  S  J  B  E  Z  K  H  S
W  B  D  R  S  E  I  V  O  W  A  E  T  Z  T
A  R  V  E  J  R  H  W  M  N  A  H  K  T  R
X  U  D  D  W  J  D  E  K  Y  I  I  H  Y  I
N  I  S  L  N  W  Y  L  A  G  C  T  S  R  L
R  A  Q  U  Z  F  E  J  H  D  U  Z  I  T  X
M  U  H  O  B  J  Y  Z  U  O  Y  T  R  U  E
N  Y  K  H  B  B  K  G  M  E  U  G  N  O  T
Y  H  H  S  S  F  I  N  G  E  R  U  N  U  H
```

ANKLE	EYEBROW	MOUTH	THIGH
CHEEK	FINGER	NOSTRIL	TONGUE
CHEST	FOREARM	SHOULDER	WAIST
ELBOW	FOREHEAD	STOMACH	WRIST

INSECTS

```
M  S  V  C  C  K  Y  B  U  J  A  N  D  N  Z
X  I  Q  J  G  L  X  H  E  V  M  L  O  W  F
A  T  O  F  L  E  A  W  O  E  E  O  N  H  Y
W  N  L  K  D  G  C  R  T  U  T  R  T  Y  C
E  A  G  C  L  R  J  Y  J  E  S  L  D  H  W
D  M  B  B  O  A  H  B  L  K  R  E  E  K  Z
R  G  U  T  K  S  M  C  M  F  G  M  F  E  Y
A  N  T  V  M  S  O  T  A  L  E  F  I  L  P
G  I  L  N  P  H  S  D  E  O  V  R  Q  T  Y
O  Y  A  L  J  O  Q  M  Y  N  R  J  I  E  E
N  A  D  O  K  P  U  S  M  R  R  K  X  F  D
F  R  Y  C  Q  P  I  U  B  J  M  O  C  Q  I
L  P  B  U  H  E  T  P  Y  U  W  L  H  O  W
Y  N  U  S  F  R  O  T  E  K  C  I  R  C  C
B  W  G  T  F  D  C  J  H  Q  Q  X  H  Z  N
```

BEETLE	FIREFLY	HOUSEFLY	MOTH
COCKROACH	FLEA	LADYBUG	PRAYING MANTIS
CRICKET	GRASSHOPPER	LOCUST	TERMITE
DRAGONFLY	HORNET	MOSQUITO	

PIZZA DELIVERY

```
V  F  X  T  B  V  C  J  U  Z  S  P  O  Z  X
M  S  N  J  M  A  I  H  Z  Q  N  B  G  T  N
C  S  L  P  Q  A  S  P  E  S  J  E  T  P  A
K  E  X  I  K  W  F  I  C  E  N  O  E  O  M
R  O  T  P  C  L  T  O  L  G  S  P  U  R  I
M  T  S  N  O  E  O  H  F  W  P  E  O  D  K
O  A  U  U  P  T  P  K  P  E  V  O  N  E  X
Z  M  R  J  E  W  P  P  R  C  C  L  I  R  S
Z  O  C  R  W  X  I  O  X  I  A  L  O  I  N
A  T  M  U  W  L  N  W  V  L  E  H  N  T  K
R  U  D  X  E  I  G  Q  R  R  B  L  S  A  P
E  E  M  I  U  X  S  O  R  A  U  I  A  L  L
L  J  W  R  O  M  M  Z  G  G  K  A  U  I  Q
L  M  U  S  H  R  O  O  M  W  P  Y  C  A  L
A  P  M  H  P  Z  D  A  J  R  Z  Z  E  N  P
```

BASIL	GARLIC	ONIONS	SCOOTER
CHEESE	ITALIAN	ORDER	SLICE
CRUST	MOZZARELLA	PEPPERONI	TOMATOES
FLOUR	MUSHROOM	SAUCE	TOPPINGS

WORLD WONDERS

```
R  T  N  N  R  Z  F  J  H  B  F  W  T  F  R
O  E  S  T  O  N  E  H  E  N  G  E  O  U  X
L  M  W  Y  A  E  D  W  N  U  R  A  G  L  R
Y  P  G  M  M  I  P  I  O  O  A  A  P  L  R
M  L  D  R  U  A  R  H  M  Y  L  H  R  A  G
P  E  M  J  A  E  U  D  E  A  K  Y  E  W  J
I  O  V  C  S  N  S  S  N  S  R  I  B  T  X
A  F  E  O  B  D  D  S  O  A  U  Y  E  A  N
I  A  R  L  M  W  V  C  O  L  X  S  P  E  B
F  R  L  O  O  U  G  T  A  L  E  E  A  R  A
G  T  P  S  C  H  I  F  N  N  O  U  L  G  K
A  E  R  S  A  U  Z  Y  U  V  Y  C  M  A  Y
O  M  A  U  T  J  A  N  R  A  C  O  K  I  W
N  I  P  S  A  Z  I  E  X  V  T  E  N  G  Q
T  S  S  Z  C  A  K  R  X  M  T  Y  O  R  E
```

ALEXANDRIA
BABYLON
CATACOMBS
COLOSSEUM
COLOSSUS

EPHESUS
GIZA
GRAND CANYON
GREAT WALL
MAUSOLEUM

OLYMPIA
PYRAMID
STONEHENGE
TEMPLE OF ARTEMIS

MUSHROOMS

```
X D W A Q I B P S E R O P S X
I I D I K U U O W U R O Z P S
J R D O Q M T R Y T R Y S H Y
E Z N U O O T C Y A G S I J X
M E R R Z F O I M R I T W P C
I Q E Y I Q N N J Y A E A H T
H L H W U R N I Z K C R A C Y
S O M P A V X L E M F M X R T
B O L L E B O T R O P G E T T
W V F P L F H I M I I S I R W
R L B D U Q R L G L A O I U P
J W F N U C S N L E R D T F H
W L G C M P O S R W G M S F O
Z I M K F N P G D E E D P L K
N W O O D E A R S T V L A E J
```

BUTTON

CHAMPIGNON

ENOKI

FUNGI

GILLS

GREASER

MOREL

OYSTER

PORCINI

PORTOBELLO

RIDGES

SHIMEJI

SHITAKE

SPORES

TRUFFLE

WOOD EAR

HOT CHOCOLATE

```
O  Z  Q  O  S  U  E  S  D  C  U  H  V  U  B
F  P  S  H  N  C  T  V  H  I  B  M  F  K  G
G  Z  X  K  T  E  E  W  S  G  T  A  C  I  H
U  R  O  L  A  H  V  H  E  D  F  R  J  U  G
M  O  E  M  Y  I  R  I  Y  J  I  S  S  H  U
I  T  H  T  U  U  D  P  X  K  R  H  E  V  V
L  B  R  L  N  U  P  B  M  E  M  Y  O  Q
K  G  E  B  S  I  B  E  T  Q  P  A  T  C  A
I  C  C  V  Y  E  W  D  W  C  L  L  Y  A  E
V  M  D  R  E  X  X  N  B  O  A  L  M  F  N
G  O  S  F  E  R  G  I  D  M  C  O  M  E  J
M  P  F  T  L  A  A  J  S  R  E  W  U  N  O
Z  C  T  T  O  D  M  G  M  K  I  S  Y  F  Y
Q  D  P  W  B  V  G  V  E  R  V  N  L  I  S
P  E  R  I  T  S  E  L  L  D  F  S  K  Y  V
```

BEVERAGE	ENJOY	STEAM	WHIPPED
CAFE	FIREPLACE	STIR	WINTER
CREAM	MARSHMALLOWS	STOVE	YUMMY
DRINK	MILK	SWEET	

FLOWERS

```
R P Q J W E K N E C Z J X J F
B A P D N O I T A N R A C H D
E N A K L O R C H I D E R V A
G S G F Y S U N F L O W E R N
O Y I X D P P P J P P K E L D
N F N D L N E P Q D A I S Y E
I T L M O C H R U K F W Y J L
A P A L G A Y B I C Z S O Y I
X E V W I L D Q L W S J M H O
G Q E K R I R J D U I U T T N
D U N X A L A Z Q A E N G A E
M A D I M S N U W Y H B K Z I
E B E M H U G Y O F V L E L X
P S R Z C W E Z T H X Q I L E
H H S Y Y M A F C U J Q V A L
```

BEGONIA
BLUEBELL
CARNATION
DAHLIA

DAISY
DANDELION
HYDRANGEA
LAVENDER

LILAC
MARIGOLD
ORCHID

PANSY
PERIWINKLE
SUNFLOWER

ARCADE

```
W  N  Y  D  Y  L  L  N  A  K  Q  C  M  K  L
C  J  L  C  J  U  O  T  T  C  R  D  C  B  N
G  N  J  X  C  X  X  C  O  C  F  I  U  O  V
F  O  B  S  R  N  J  N  E  P  T  J  I  E  W
W  S  K  I  L  L  O  J  R  S  N  T  E  F  L
S  B  S  Q  O  S  V  I  Y  G  C  V  Q  D  A
L  E  Y  C  P  Y  Z  O  T  A  M  E  X  B  F
D  P  E  G  O  E  J  R  M  A  U  X  G  I  K
V  R  R  O  E  R  H  Q  E  M  M  C  N  B  P
C  E  S  B  W  T  E  Q  C  K  S  I  U  Z  O
U  S  M  J  U  S  A  V  W  T  S  T  N  N  I
M  S  H  E  T  N  N  R  A  H  T  I  Y  A  N
T  O  Q  C  T  I  V  R  T  O  X  N  I  A  T
Z  P  H  T  Q  O  T  Q  N  S  K  G  U  J  S
A  L  V  S  D  C  D  S  K  S  U  M  P  E  Y
```

ACTION	DUEL	OBJECTS	SCORE
ANIMATION	EXCITING	POINTS	SKILL
BUTTONS	FINISH	PRESS	START
COINS	JOYSTICK	PRIZE	STRATEGY

RAINBOW

V M U B E A U T I F U L P B W
G H P S T E K Y B C P M V V Y
X O N L U W E Q O E P N I R V
K S R V D L I L W Z S O G K N
W T E A L R O N S P L V R H S
G S J O N R O P D E C N J F D
W A W R F G E P T I O D V P Y
C R P U L C E P L I G W E S S
D C L N T H R D T E U O U R P
R H G R Q I B C E J T N M B H
U P U R S X E C S A L S F L D
W M S M E L N V A I N Z F U S
E Y N Y F E U Z G S R S O E Q
R G G E R Q N H R M X L C L Z
L H R V C X T R A M C G O O J

ARCH   COLORFUL   ORANGE   SPECTRUM
BEAUTIFUL   DROPLETS   PRISM   SUNLIGHT
BLUE   GREEN   RED   VIOLET
CLOUD   INDIGO   REFLECTION   YELLOW

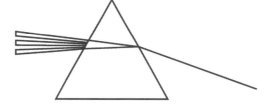

HOBBIES

```
B  Y  G  Z  P  G  G  Z  Q  K  R  F  Z  H  G  X
W  K  A  Z  D  U  P  X  K  Y  T  Z  Z  Y  W
Z  K  M  D  C  A  K  C  U  A  V  E  W  M  V
D  B  I  D  Y  G  N  I  D  A  E  R  K  N  W
L  F  N  Z  C  N  I  C  S  Z  S  V  Y  A  K
G  I  G  Z  L  I  T  A  I  Y  F  H  L  S  L
R  O  G  P  I  T  T  L  D  N  P  P  S  T  T
K  H  O  O  N  N  I  L  U  A  G  G  C  I  D
D  P  C  Q  G  I  N  I  R  T  G  N  U  C  R
R  Y  O  M  U  A  G  G  J  P  E  I  L  S  A
V  F  J  T  H  P  O  R  M  H  S  K  P  H  W
J  D  P  E  T  T  J  A  H  T  N  A  T  R  I
C  E  B  W  O  E  E  P  I  I  Q  B  I  R  N
Q  X  S  H  Z  Y  R  H  F  U  J  R  N  B  G
W  C  P  U  Y  B  X  Y  H  Y  S  E  G  P  A
```

BAKING	DRAWING	KNITTING	POTTERY
CALLIGRAPHY	GAMING	PAINTING	READING
CYCLING	GYMNASTICS	PHOTOGRAPHY	SCULPTING
DANCING			

SNACKS

```
J  E  S  E  E  H  C  Y  O  G  U  R  T  Q  N
E  X  N  K  A  A  Y  B  C  T  U  C  L  Y  U
H  J  Y  M  U  G  E  A  J  W  J  N  L  A  V
T  I  W  G  K  R  R  N  P  U  D  D  I  N  G
L  X  L  K  R  R  D  D  N  R  O  C  P  O  P
Z  J  U  I  O  C  N  G  N  A  C  H  O  S  C
D  U  E  T  Y  R  R  E  B  W  A  R  T  S  J
M  S  X  F  J  F  S  S  E  I  K  O  O  C  B
U  M  U  F  F  I  N  M  K  S  E  G  F  P  J
B  Q  G  R  A  N  O  L  A  E  O  Q  K  V  S
M  O  J  E  R  K  Y  C  R  A  C  K  E  R  U
P  C  P  N  O  L  E  M  R  E  T  A  W  N  W
T  E  K  P  X  O  S  R  W  W  C  Z  F  Y  W
K  Y  T  W  N  Z  V  Y  S  S  E  P  A  R  G
U  G  P  T  W  X  S  L  E  Z  T  E  R  P  B
```

BERRIES	CRACKER	MUFFIN	PUDDING
CARROT	GRANOLA	NACHOS	STRAWBERRY
CHEESE	GRAPES	POPCORN	WATERMELON
COOKIE	JERKY	PRETZELS	YOGURT

A VISIT TO THE DENTIST

```
Y  Y  V  J  W  A  S  T  V  B  W  X  M  H  I
O  C  A  L  C  I  U  M  G  R  F  T  R  O  K
W  O  O  W  Q  A  G  T  R  A  L  O  M  Q  N
O  R  Y  U  H  E  E  U  O  C  T  O  K  I  S
V  P  A  I  Z  E  X  C  M  E  F  T  L  X  M
S  T  R  B  T  G  E  C  W  S  M  H  Y  C  I
B  H  X  H  E  U  E  L  S  C  G  P  X  R  L
B  T  O  S  Q  N  R  T  K  A  F  A  G  T  E
A  P  O  A  A  F  H  R  M  N  M  S  S  P  R
P  F  L  M  R  I  B  O  U  I  K  T  E  A  K
Q  P  E  J  X  F  G  O  H  N  L  E  G  A  K
H  L  D  Q  X  K  H  T  Y  E  I  U  G  P  L
E  M  T  O  O  T  H  B  R  U  S  H  V  W  W
G  K  R  Y  I  N  S  S  O  L  F  P  C  S  N
T  E  G  O  A  Y  T  I  V  A  C  S  B  M  P
```

BRACES	ENAMEL	PLAQUE	TEETH
CALCIUM	FLOSS	ROOT	TOOTHBRUSH
CANINE	GUMS	SMILE	TOOTHPASTE
CAVITY	MOLAR	SUGAR	X-RAY

TREE HOUSE

```
B X H Y R O T S I L V L H O C
E D I C M N G D A V Y N I J N
S P E B O L E D J I K I D S M
O D I P H N D T S R U H E T K
U S I T Q E S S U E L G O O A
Q D E T R L D T W O C F U K F
L L F H B O P L R O P R T P E
B I J O C W S A S U D E E I S
D E S A R N Q W I K C N E T E
M D F G B T A S I N N T I K V
X H O S H O T R A N T A E W A
Z Q I B U A A Z B W G L L A E
T E V T I U X R G V U Z R P L
W D C R U B T M D S I B N N E
Q K S H B L O O X K J D S G G
```

BOARD
BRANCHES
CONSTRUCT
FORT
STORY

HIDE OUT
KEEP OUT
LADDER
LEAVES
SWING

PAINT
PLANKS
SECRET
STAIRS
WINDOWS

MAGIC SHOW

```
D  I  L  L  U  S  I  O  N  L  P  U  P  X  B
X  F  U  T  Y  U  G  F  G  P  A  T  N  T  W
E  R  V  C  W  G  A  K  K  D  U  Q  F  P  Q
L  T  Z  F  B  A  L  B  B  A  D  V  N  F  N
L  Y  N  B  L  O  N  A  W  N  I  R  B  L  X
Z  Z  C  A  Z  O  W  D  S  J  E  H  U  J  A
Z  M  X  E  T  R  W  C  H  S  N  M  N  J  E
U  L  I  L  V  S  F  E  A  B  C  A  N  G  R
M  G  D  F  V  W  I  U  R  G  E  G  Y  S  N
N  S  K  C  I  R  T  S  E  S  E  I  W  C  O
I  D  T  E  R  C  E  S  S  T  Z  C  I  A  E
B  Q  H  H  K  P  Q  R  E  A  B  I  Z  R  G
F  K  C  K  K  Y  D  B  Y  O  T  A  A  F  I
D  F  C  A  N  S  L  X  L  L  J  N  R  X  P
G  N  M  I  R  R  O  R  H  I  X  K  D  Q  V
```

ASSISTANT	FLOWERS	MIRROR	TRICKS
AUDIENCE	GLASS	PIGEON	WAND
BOW CAGE	ILLUSION	SCARF	WIZARD
BUNNY	MAGICIAN	SECRET	

WORLD CUP

```
B  B  I  C  F  W  A  P  E  A  Z  V  U  F  J
S  J  P  O  M  C  R  E  E  L  S  M  A  E  T
V  Q  M  M  S  N  B  N  T  T  K  B  V  N  C
R  A  K  P  R  Q  V  A  U  K  V  C  U  R  B
E  P  G  E  E  S  I  L  T  D  T  G  A  T  D
D  J  O  T  F  R  S  T  I  K  C  W  A  T  K
A  R  A  I  E  E  B  Y  T  B  C  A  T  C  H
E  E  L  T  R  Y  A  D  S  W  G  S  Q  R  D
H  N  K  I  E  A  E  O  B  H  S  A  D  R  Q
F  R  E  O  E  L  Y  F  U  I  W  Q  I  N  T
H  O  E  N  A  P  D  F  S  S  X  B  N  B  C
T  C  P  Y  S  K  C  S  M  T  B  O  B  F  M
L  T  E  V  U  M  W  I  O  L  I  S  Y  Y  D
L  X  R  P  Q  L  X  D  E  E  Q  U  F  L  F
Z  F  Q  N  X  A  O  E  J  E  R  S  E  Y  K
```

CATCH	GOALKEEPER	PENALTY	TACKLE
COMPETITION	HEADER	PLAYERS	TEAMS
CORNER	JERSEY	REFEREE	WHISTLE
DRIBBLE	OFFSIDE	SUBSTITUTE	

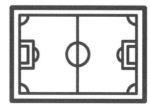

CHEESE

```
K  U  G  S  T  M  C  G  C  E  Y  H  G  J  R
X  W  D  V  V  P  U  R  Z  I  L  A  D  P  R
W  A  T  T  O  C  I  R  E  E  B  L  R  A  O
F  M  V  G  Q  D  G  E  Y  X  F  L  E  R  M
U  N  Z  A  D  U  O  G  R  C  I  O  E  M  A
M  G  X  K  H  A  V  A  R  T  I  U  N  E  N
A  B  L  U  E  C  H  E  E  S  E  M  A  S  O
D  E  R  E  Y  U  R  G  K  S  W  I  P  A  S
E  E  M  C  A  M  E  M  B  E  R  T  M  N  B
U  Q  E  F  B  C  O  L  B  Y  J  A  C  K  U
T  B  D  V  O  O  M  K  D  R  L  W  D  F  N
F  N  Y  A  C  O  T  T  A  G  E  H  G  C  G
D  P  G  U  H  J  I  C  F  S  W  I  S  S  A
N  M  M  O  Z  Z  A  R  E  L  L  A  M  R  E
C  V  J  G  O  M  R  A  D  D  D  E  H  C  V  Q
```

BLUE CHEESE	COTTAGE	HALLOUMI	PARMESAN
CAMEMBERT	EDAM	HAVARTI	RICOTTA
CHEDDAR	GOUDA	MOZZARELLA	ROMANO
COLBY JACK	GRUYERE	PANEER	SWISS

AROUND THE HOUSE

```
R  P  Y  L  T  D  U  F  K  C  A  R  P  E  T
Q  A  Y  R  D  N  U  A  L  E  G  A  R  A  G
Z  N  R  L  J  V  C  V  P  I  L  L  O  W  S
R  T  B  A  T  H  R  O  O  M  K  B  P  I  D
V  R  W  F  H  V  S  H  O  W  E  R  T  B  V
N  Y  C  B  E  D  R  O  O  M  R  Y  N  E  V
T  F  F  G  E  V  Y  I  T  C  B  O  E  S  T
C  K  E  I  Y  G  N  I  N  I  D  B  M  W  M
Q  H  I  P  R  C  U  G  W  R  V  L  E  I  G
I  U  B  T  O  E  U  F  V  A  O  I  S  N  O
S  G  J  O  C  R  P  R  C  V  P  G  A  D  V
E  T  T  V  I  H  C  L  T  L  R  W  B  O  R
P  J  R  C  T  K  E  H  A  A  C  I  E  W  B
E  J  D  F  C  L  T  N  W  C  I  A  X  Q  J
Z  Y  U  N  I  W  U  E  P  W  E  N  C  S  L
```

BASEMENT	CURTAIN	KITCHEN	PORCH
BATHROOM	DINING	LAUNDRY	SHOWER
BEDROOM	FIREPLACE	PANTRY	WINDOW
CARPET	GARAGE	PILLOWS	

ANCIENT EGYPT

```
G  B  U  R  I  A  L  N  Y  P  F  C  Q  J  K
O  V  F  D  T  N  Y  T  I  B  U  Z  B  D  Y
W  N  Y  N  J  P  K  X  O  L  Y  T  O  M  B
N  K  I  N  G  S  H  S  S  V  E  A  T  V  D
T  J  I  J  S  F  O  A  I  V  Q  R  R  L  Q
V  D  X  N  E  D  V  V  R  L  E  M  O  L  T
Z  A  E  Z  G  Z  I  A  I  A  E  G  Y  N  O
H  N  V  S  K  D  X  M  S  P  O  B  R  J  Y
G  U  K  Y  E  N  O  U  A  S  U  H  O  C  V
G  B  U  P  I  R  R  M  Z  R  Q  F  T  N  V
U  I  A  H  X  E  T  B  Q  N  Y  E  E  H  R
F  S  P  F  C  D  V  U  I  L  S  P  M  G  X
M  S  B  V  L  I  F  W  A  R  X  C  P  Y  P
Z  Z  Z  X  A  Q  N  E  U  B  D  B  L  J  J
O  T  O  I  R  A  H  C  B  R  M  X  E  A  F
```

ANUBIS	GOLD	OBELISK	SPHINX
BURIAL	KINGDOM	OSIRIS	TEMPLE
CHARIOT	KINGS	PHARAOH	TOMB
CURSE	NILE	PYRAMIDS	TREASURE
DESERT			

JEWELRY BOX

```
C B K B O F J L C H C X K W U
Z K R Z A P O H E U L C A R J
Y Y V O M B A M F P H T N E M
D Y N F O I Q F R O C Q M N B
T I R I N C L P K H Z E A T A
Q H P P W I H E N R R B X V N
O W L E N O R T C A E R K I G
C I U K N A S R L C W A A U L
H R S K W D Y D A G B C P W E
A D O Y Z S A L G R T E D L S
R R N R T H K N X L O L T R G
M O U A R C Z B T H P E P A H
E P L M E I H K H Z A T O E O
U T L N D C M M R I Z F Q P C
X H B E P T T M S B P R E W R
```

BANGLE

BRACELET

BROOCH

CHAIN

CHARM

CHOKER

CRYSTAL

CUFF LINKS

EMERALD

MIRROR

NECKLACE

PEARL

PENDANT

TOPAZ

WATCH

WATER PARK

```
B  S  W  O  V  R  F  C  T  L  N  P  V  S  S
B  P  F  X  I  L  T  P  Z  F  O  Y  M  U  X
V  L  C  J  O  S  I  H  W  X  A  O  E  N  P
A  A  Q  A  T  G  U  W  D  W  W  R  P  G  C
B  S  T  I  F  L  S  A  X  A  W  F  N  L  O
K  H  E  T  E  L  M  T  N  V  V  A  I  A  M
Z  G  Z  U  U  M  I  E  V  E  F  D  Q  S  H
S  Y  E  T  F  W  W  R  K  S  L  M  S  S  K
S  G  X  E  R  T  S  S  P  B  I  I  U  E  D
L  J  W  K  H  T  I  L  U  J  P  S  N  S  K
I  I  W  C  F  U  Z  I  V  R  F  S  B  H  P
D  D  A  I  M  J  Q  D  Y  P  L  I  L  M  O
E  V  K  T  A  T  G  E  E  O  O  O  O  G  G
U  R  E  V  I  R  Y  Z  A  L  P  N  C  Q  O
O  P  A  W  B  D  H  Y  P  N  S  T  K  W  T
```

ADMISSION   POOL   SUNBLOCK   WATER SLIDE
FLIP FLOPS   RAFT   SUNGLASSES   WAVES
FLOAT   SLIDE   SWIMSUIT
LAZY RIVER   SPLASH   TICKET

SOLUTIONS

MUSIC
Puzzle # 1

```
    E           B
      L   M M     A
      Y   B   E E S N
      N S   E B L A C D
      O   H A R   O S A
    I M   S A   T   D U L
    N R S     R       Y R E
    S A M         P         E
    T H   H   T     B   F
    R       T   S     E F
    U S   L   Y   E H   A
    M E     I   H C R   T T
    E T       N T R   S
    N O         I E
    T N     P     S
```

GARDENING TOOLS
Puzzle # 2

```
S S S E E D S   W   S
  H P H         A   O   L
    O R E       T   I A     W
      V A A     E   L W     H
  B   E Y R     R       N   E
  O R   L E S I         M T E
  O     A     R N E     O R L
  T     K     G S       W O B
  S     E     C O       E W A
    S P A D E   A H     R E R
              N         L R
F E R T I L I Z E R         O
                           W
              S E V O L G
              L A D D E R
```

CAMPFIRE
Puzzle # 3

```
  K         S S       E
  A C       L S G   K
  Y O       E   T O
  A M       E   M O D
W K P       P S A   R T
I   A     T I R   T I O
L   S B D R N   S   E   E H
D   S O   A G   H T K     S
E   O N   I B   M E N
E R W   F L A   A N A     R
N       I   E G   L T L   R E
E       R   R     L   B   I G
S       E         L O     V N
S                 W       E A
        O U T D O O R R
```

ICE CREAM SHOP
Puzzle # 4

```
              S
  D       A P U R Y S C
  E   S   L           O
  P   P   T   H       T
  P   R   E T O Y R T T
  I   I   D N T R A O O   F F
S H   N   C I F R I P N   R L
U W   K S A M U E N P C   E O
N     L C R R D H B I A   Z T
D     E O A E G C O N N   E
A     S O M P E   W G D E
E     P E P       S Y
          L E
          P V A N I L L A
        W A F F L E C O N E
```

FRIENDSHIP
Puzzle # 5

	Y	T	L	A	Y	O	L			C	
		H	O	N	E	S	T		O		
	E				I		F	M	T	E	
	R			N	F	R	P	R		L	
	A		C	O	I	A	O		K	G	
	H		E	R	E	N	P		I	G	
S	S		R	G	N	I	P		N	I	
E	S	E	I	D	O	U			D	G	
I	P	V	N	S					N		
R	E		T	E	A	M	W	O	R	K	E
O	C		B						S		
M	I		U						S		
E	A		D	R	E	T	H	G	U	A	L
M	L		D		R	E	S	P	E	C	T
			Y								

TRANSPORTATION
Puzzle # 6

				M							T			
C	B			O						T			E	
A	I			T		J	H	T						
N	C	H	S		O	C	E		A	N				
O	E	Y	E	Y	C	A	R	T	T	I	X			
E	N	C	L	R	Y	O	R	C	R	S	A	I		
	A	L	I	R	A	O	A	Y	L	K				
T	L	E	C	I	E	M	T	O	C		I			
R	P	O	L	N	B	F	D	E		L				
I	R	P	O	U		N			R		E			
C	I	T	S	R	O									
Y	A	E	G	R										
C	R				Y									
L	R	I	C	K	S	H	A	W						
E														

PETS
Puzzle # 7

	Y	R	A	N	A	C				
C	H	I	N	C	H	I	L	L	A		T
		P	U	P	P	Y		R		B	H
	P	A	R	R	O	T		A	T	E	S	R
				I	O	S	I	A			
			K	N	R	T	F	B			
		I	T	F	M	B				
	T	O	R	O	I					
T	B	I	I	U	T					
E	U	S	E	S	L					
N	N	E	N	E	I					
N	D	B	I	G	U	A	N	A		
Y	N	O	P	R						
H	A	M	S	T	E	R				
		G								

ANIMAL KINGDOM
Puzzle # 8

	G	R	H	I	N	O	C	E	R	O	S					
	O		O			G	O	H	E	G	D	E	H			
	R		O													
	I		G	R	H											
C	L	S	I	A	C								E			
A	L	A	R	G	I		C	E		D		L				
M	A	L	A	N	R	R	S	S		O		E				
E	M	F	A	T	O	Q	P	I		L		P				
L	O	F	K	S	C	U	E	O	P	N	H				
	N	E	O	I	N	T	H	O	A							
		D	R	G	R	I	O	N							
	I	R	U	O	N	B	T									
	L	E	I	T	A											
E	L	N	B													

SPRING
Puzzle # 9

			L	P					N		
			A		U		W		E		
C			D		D	I		D		L	
L			Y		N	D		R	L	L	
O	S		B		D		L	A	I	A	
U	U		U	Y			E	G	A	B	
D	N		G				S	N	E		
S	S	B	U	T	T	E	R	F	L	I	E	S	S
	H		R	A	I	N	B	O	W		A
	I		P	I	C	N	I	C		B	E
	N							T
	E						I
	R	A	I	N	C	O	A	T	K
	T	U	O	R	P	S
			B	L	O	S	S	O	M

DOCTOR'S VISIT
Puzzle # 10

						T	Y	R	U	J	N	I
						H	N
M	E	N	I	M	A	X	E	U		C		E
S	E	U	S	S	I	T	R	R		L		G
		D	M			M	S	P		I		A
		I	A	E		O	E	U	P			D
		C	S		M		K	B				N
		I		I	K	E		C	O			A
	F			N	T		E	A				B
P	F			E			H	R
A	O			R			C	D
I	S	T	E	T	H	O	S	C	O	P	E
N
	I	N	F	E	C	T	I	O	N
	S	Y	R	I	N	G	E

UNDERCOVER SPY
Puzzle # 11

			P	O	R	T	R	A	I	T
		R		M	I	S	S	I	O	N
P		E			S					L
H	T	V			D	U			A
O	L	E	O	L		A		C	I	M
T	I	G	C		A		N	T	O	Y
O	G	R	R		S	D	G	N		F	S
G	H	A	E		I	E	E				T
W	R	T	T	D	S		D	R	E	S	C	U	E
A	A	I	N	G		I		O	S		R
N	P	N		U	F	S		U		Y
T	H	G	I	N	P		S
E	Y	S		O	Y		D	I	S	G	U	I	S	E
D	E		C		T	A	B	M	O	C
	B	I	N	O	C	U	L	A	R	S

POND LIFE
Puzzle # 12

E	A	G	L	A					C
		P					A	H
S			O			T	R	C
T			N		T		E	E
I	T			D	A		V	E
C	U		L	I	S		A	L
K	R	T	L	I		K		E
L	F	T	S	A	L		A	B
E	R	L		D	L	Y		T
B	O	E		O	P		P	E	G
A	G		T	W	D	O		A	R
C	S		U	U	A		L	O	D
K		S		C		T	S	E
	K				E	E
S	E	H	S	U	R	L	L	U	B	R

BEACH
Puzzle # 13

HONEY BEE
Puzzle # 14

MEXICAN FOODS
Puzzle # 15

CAKE
Puzzle # 16

MYTHICAL CREATURES
Puzzle # 17

```
C   U N I C O R N
E     P     S             M
N     H       P L         E
T     O       W O         D
A     E D     E C L       U
U     N R     R H   C     S
R     I A     E N     Y   A
E     X G   D W E       C H
R P     O   I O S   M     Y
I F I   N   A L S   E     D
T A X       M F     R     R
A I     I   R       M     A
S R       E E       A
  Y       E M O N G I
                  D
```

CUPCAKES
Puzzle # 18

```
  M     E               O
    A     M     B       V
  F   E I C I N G A     E
  I   R       T Y   T   N
  L   S C C R A R   T
  L   E F R A E E E   E
  I W L   R E F P T K   R
  N H K   O T E P   A
  G I N     S T   O   B
C   P I   P T T U   T
H S P R     I A I B
E W E P     P E N
R E D S       I R G
R E           N T
Y T           G
```

CLOTHING
Puzzle # 19

```
  S A M A J A P   T
          R       G
        A     L       J
      I     A         E
    N S   T S   S A
    E C E   S E     O
  R A S   E H S K   C
  S R U   S   T C   K
T F O C O A T E   N A S
S L       S   D   A J
H B T U X E D O   R     P
I     S W E A T E R
R       S
T     S
  G L O V E S
```

APRIL FOOL'S DAY
Puzzle # 20

```
    X     M
  L   A     I
  A S   O A M U S I N G   P
  U   I   H     C     R
  G   L         H A
  H     L       N I
  T       Y   K     E
  E   S U R P R I S E E G F
  R           C S   U
            O U   L
J     W   M M     L E
O   A   I E   J   I C
  K C   C B     E   B R
  K E A     S     L A
  Y   L S   T     E F
```

BACKYARD FUN
Puzzle # 21

			B	A	D	M	I	N	T	O	N	
	E					E				E		
		E			S			U	G			
	S		B		U			C	N	B		
		P	S	O		T		E	I	A		
T		R	H	I	E	B	W	S	W		C	
R	L	Y	I	N	R	R	S	K		A	L	
A	A	L	T	N	A	F	E		E	D	I	
M	L		A	B	K	T		D	I		M	
P	C		B	B	L			I	N		B	
O	A		A	E	E		L	G		I		
L		T	L		S		R	S	P		N	
I		L	C			A		S	O		G	
N			H				B		O			
E									L			

FIRE SAFETY
Puzzle # 22

			R						M	R	A	L	A	F
T		E	E									I		
H		T	V							R				E
G	R		H	A					E		X			
I	E		G	C	S			T		T				
L	S	T	I	U		P		R		I	E	T		
H	C	N	F	A		R	U		N		K	E		
S	U	A	E	T		C	I	G		L	O	K		
A	E	R	R	E		K	E	U	N	A		M	N	
L		D	I		S	I		D	K		S	A		
F		Y	F		C	S	D		L		L			
		H		A	H	T	E	L	T	U	O	E	B	
		P	E		R						R			
	E	R												
	R	O	T	C	E	T	E	D						

GEMSTONES
Puzzle # 23

			E									R	
		D	A	M	E	T	H	Y	S	T		U	
	A		A									B	
J		Q	A								Y	M	
		U	M				G	T	O				
		A	B			A	U	O					
R	Z	M	E		R	R	N			O			
E	I	A	R	N	Q	S	S			N			
Z	P	R	E	U	T	A		Y					
A	S	C	I	T	O	O	O	P	A	L	X		
P	A	O	N	I	N	P							
O	J	N	E	S	E	H							
T		E	I										
	E	M	E	R	A	L	D	R					
	D	I	A	M	O	N	D	E					

PHOTOGRAPHY
Puzzle # 24

		L	A	T	I	G	I	D					
	S	H	U	T	T	E	R						
						A	R	E	M	A	C		
H	R	E	S	O	L	U	T	I	O	N			
S	T	H	G	I	L	K	C	A	B	L			T
A		O			R		I			R			
L		I		E	G				I				
F		D		H	F		P						
	U		T	L	O								
	T	I		D	E								
	S	N	D	I	D	N	A	C				F	
	G	P	O	R	T	R	A	I	T	T	O		
	T	S	A	R	T	N	O	C	C				
					U								
	F	R	A	M	E		S						

FAMILY TREE
Puzzle # 25

```
      G     R E L A T E D
  R   M R           U N C L E
E O   E A S I S T E R
M T   M N
A S B O D
N E I R P G R A N D C H I L D
N C R I A     E   E         N
E N T E R P   L   P         I
D A H S E E       A   H     E
I     N T   B R O T H E R   C
A     T S           I   W   E
M           P A R E N T V
  D E S C E N D A N T   E
  R E C O R D S         S
          L O V E
```

DINOSAURS
Puzzle # 26

```
        E       P
        L C     A         T R
        I I     L         C O
S J S   T O     E     I N T
P U E   P Z     O   R   I A
O R N R E O     N O     T D
T A O O R S T   T       X E
A S B T   E S S O C   E E R
R S   P   M I   L L R V P
E I   A   H G   O A   O
C C   R E E O   G W   L
I       R G   L   I   C
R     P G     O   S   A
T     S       E   T   N
        G             O
```

VOLUNTEER
Puzzle # 27

```
  H S   E               S T
  E   S   M     R       N T R
  A   E   P E       O   E O
  R     N S A     I   S A P
  T     P D   T T   C   M P
      N E   N A H I   Y W U
      C E   N I H Y T   O S
  T T   T O H T K I     R
    C   D W E U N       K
      U     O U M
        D   M R   A
        N M   K   N
        O O       I   I
      C     C     N   T
    S H E L T E R     G Y
```

WINTER
Puzzle # 28

```
    D     N             S
      R     I M   O     Y
    F   A   T I U O     A
T S O R F O T E L G   E D
C       O T B G K S N C   I
  H   S E Z I W W N A E   L
    I N L   E E O L A   P O
    S L   E A N P N   L   H
N       L T G E     S   B
A       E Y R N
M     R   I     A
W       F       W
O       A R C T I C O
N D E C E M B E R     N
S   S K I I N G       S
```

HERBS
Puzzle # 29

```
R O S E M A R Y
T         R C I L R A G
A       E L   Y     C
R     G E O T   E   A
R   N N N H     L   Y
A   I N A Y   S     E
G G E G M     R     N
O F E E       A     N
N R           P     E
O           P E P P E R
C U M I N   B A Y L E A F
    T U R M E R I C
```

PICNIC
Puzzle # 30

```
        T U     S
        A I M   O
  B     B C   B M
  L     R L E   R
  A     E E D   E E W
  N     T C T   H A L
N K G   H L E   T     L
A E R   G O A   E P   A
P T A   U T   R B U
M K   P A H M G A H
U I   E L E   A S C
S N   S L   M   K T
I S     O   E   E E
C     N     S   T K
      C U S H I O N
```

SMOOTHIES
Puzzle # 31

```
  B L E N D E R
  Q U I C K   G A R N I S H
      H E A L T H Y
    S U O I C I L E D
                V
S G N I P P O T   D E   C
T             O G       A
R Y O G U R T O E       L
A             F T D   F P O R
W         R A E   L R   I
    E B H   A O       I
  P L S   V T       E
  U E U   O E       S
S S R   R I S E B U C E C I
  C   S N       Y E N O H
```

VEHICLES
Puzzle # 32

```
              S H
    T       C E       T
R   R     O   L   A
O A     O     I   X
C I   T     E C I
K N E B   T C O M C
E R S I   R T N P O A
T   U C   I R A T T N
    B Y Y C U L E O O
    W C A Y C U R R E
  W A L C C K B   C
    A Y E H L   M   Y
      G   T E   A   C
          O         L
          N         E
```

FARM
Puzzle # 33

```
                        E L T T A C
              H A Y S T A C K
      C C
      H U               W           I
    E O L               O           S R
  F V R T             R D         R T R
  E I E I             O A         E A I
  R H S V           D T E         T L G
  T E E A           R A M         S L A
  I E R T           E B           E I T
  L B U O           H U           V O I
  I   T R           P C           R N O
  Z   S             E N           A N
  E   A             H I           H
  R   P             S
```

BREAKFAST
Puzzle # 34

```
    S             S E L F F A W T
      G     M U F F I N     O O
    E   G                 A A E B
      C R E T T U B T S I     A
      F I   D       M T H B Y N
      R U   E E       T   A E A
      E   C J A L O         G N N
      N P E L E O B O       E O A
      C A R S M G   M   R L H
      H N E S A   N     A A
      T C A       U M A     R N
      O A L       A S   R     C G
      A K     J       A     O   S E
      S E                 G
      T S     S E P E R C E
```

AT THE SUPERMARKET
Puzzle # 35

```
        V E G E T A B L E S
  C D I S C O U N T
  H     S H E L V E S
  E A       F     Q U E U E
  C I       R T
  K S D E T E R G E N T
  O L       K S
  U E   S   H   C A S H I E R S
  T S A   E N A L S S E R P X E
    B         R E P A P S W E N
                N E Z O R F
                S K N I R D
      D I S P L A Y
```

JUNGLE
Puzzle # 36

```
                            T   W
      Y E                   N   A
    A E   A           L     A   C
    N K T V G         E     H   A
    A N   R E L       O     P D M
  R C O T   O G E     P     E E N
  A O M O     P E     A     L R O
  I N   R       I T   R     E E B
  N D   R         C A D       G B
  F A   A   C       A T       N I
  A     P       A     L I     A G
  L         N           O D
  L   E G A L F U O M A C   N
                    P         E
                    Y
```

OUTER SPACE
Puzzle # 37

CARNIVAL
Puzzle # 38

FRUITS
Puzzle # 39

CORAL REEF
Puzzle # 40

RECYCLING
Puzzle # 41

```
    C E     B
    I N     I O Z O N E
    T V     O
    S I     D   E S U E R
    A R     E E A       S
    L O     G C R       E
    P N     R O T       L
E   M R   R A S H       T
L   E E   E D Y N   S T C
C   N D   N A S E   S O O
Y   T U   E B T E   A B M
C     C   W L E R     L P
E     E     E M G   G   O
R         P A P E R     S
          Y G R E N E   T
```

SOLAR SYSTEM
Puzzle # 42

```
  G R A V I T Y           C
            O       N   R E
  V       R C O M E T A L R
  E U   B         P   T O R
  N R   I   G T M E H   O
Y U A T     A U I R K S R E
R S N     L N L   C A E D T
U U   A E K   A T T I     E
C S X   Y   L U I O     M S
R Y   W   B R P R     U
E   A     N U E     N
M Y       J T     S
          S     P
      A       O
          T
```

BIRTHDAY
Puzzle # 43

```
            I T T E F N O C
C B A N N E R   F     E
          R   R S
          I N E I   I
        E O M R   N       E
      N O A P   V   A   T
      D L E R N I P T   A
    S L R U O T R A   R T
    A T S B A E N   B R
  B S   B T S I   E E H
      I I E P   L A S   T
    R O N     E T I   S
    N T     C S W   E
    S             U
              G
```

BACK TO SCHOOL
Puzzle # 44

```
      L E A R N
  W             P E N C I L
    H   P
    T I   L E D U C A T I O N
  M   N T   A
    O   E E   Y   R E C E S S
      O   D B F G           E
B T   R   U O R R           R
I   E R   S   T A I O       A
N   A O   S   S R E U       S
D     C S   A P   D N N     E
E     H S   L A       D D R
R     E I   C P       S
      R C       E
  R E K C O L     S   R
```

OCCUPATIONS
Puzzle # 45

```
V          P A T I S S I E R
  O        S O M M E L I E R
    L      R N
I F C      E              C
L I   A    U F            O
L S   N N R   E           M
U H N A L O P   R         P
S E A W I A S L L   E     O
T R I R C W U   O U   E   S
R M C I I Y R   G M       E
A A I T S E G       I B   R
T N G E U R E           S E
O   A R M   O           T R
R   M       N
  A S T R O N A U T
```

NUTRITION
Puzzle # 46

```
  C          V I T A M I N S
    A H       P R O T E I N
    N R T N               O
W   A B L U   S O D I U M
E C E   O A T     T
I H   L   H E   R A
G O     C   Y H R I
H L     A   D   E
T E     L Y Y R     N
S   R     H C   G A     T
T   E       I   R T     S
E   B           U E E
R   I             M N S
O   F     C A L O R I E S
L M I N E R A L S
```

FISH TANK
Puzzle # 47

```
      G O L D F I S H
N   A       G   H   M E
  E   L     N   E   I R
    G   G I       A W U R
  F   Y T A       T S T E
    I H X   E     E   A T
    G L   O       R   R A
    I     T   P B     E W
L         E   M U     P
          R P U B     M
    P E B B L E S P B E
          A       R L T
        N           I E
      T     F O O D   A S
    S       G R A V E L
```

TREES
Puzzle # 48

```
              R
              E
    S         B
    Y         B
B C C       U B A B O A B
A H A       R
M E M     P     C   E W
B S O   A M   E   N I
H O T R   L   A D H K   I L
C O N E M     A P   C A P L
R U       R     L   E O O W
I T             E   E W
B         C Y P R E S S B
    S P R U C E
  B A N Y A N
```

ORCHESTRA
Puzzle # 49

```
                              C
    C X Y L O P H O N E     L
    Y           C T       A E D
    M         E I     E R N R
    B       L M   N I O U     E
  T A     L P   I N B M       N
  U L   O A   R E M           O
  B S   N   U T O             H
  A O I H O   R V I O L I N P
  E   L B O T             O
    T M O     R             X
    A U   C     N           A
  T     L   C T E P M U R T S
        F   I P I A N O
              P
```

SCIENCE LAB
Puzzle # 50

```
      M
      I
      C
      B R     L I T M U S P A P E R
  S E O R E T O R T S T A N D
  T A S       T W E E Z E R S
  O K C         S O L U T I O N
  P E O               F U N N E L
  W R P       C H E M I C A L
  A   E
  T   C Y L I N D E R
  C G O G G L E S
  H       R E N R U B N E S N U B
            P E T R I D I S H
    E B U T T S E T
```

SUMMER
Puzzle # 51

```
    S           W
      E       K   A S C I N C I P
        S   P R   T   B E A C H
          S   O A   E
          N   A   P P   R
          E   S L   S E   P
  M       E S   P G S I M   A
  A       R   U   E N U C E   R
  E       C   N   E U R L H     K
  R       S       T   D S F E T
  C       N D N A S A   B   I
  E       U         N   O   N
  C       S             A   G
  I T I U S M I W S       T
    S P L A S H
```

SWIMMING POOL
Puzzle # 52

```
                              F
    U N D E R W A T E R R
                        E         E
  S F L I P T U R N E         D
  W           S L       I T
  I P       D T I     L G I B
  M A     I Y F C   S O H U
  C D   V L E H E R O S T S
  A D   E E G L L E G A T   M
  P L   U O B T L L E       I
    E   A R B A E P R       W
      R I U W S S F         S
    D N B       L
    E       Y
```

UNDER THE SEA
Puzzle # 53

AUTUMN
Puzzle # 54

HALLOWEEN
Puzzle # 55

ANIMALS WITH FEATHERS
Puzzle # 56

VEGETABLES
Puzzle # 57

```
    L
    E  C        B  R  A  B  U  H  R
    T  E  B  A  S  I  L        S
    T  L        E              Q
    U  E  S     G     P     U  S
P   C  R  T  F  G     I     A  P
U   E  Y  U  E  P     N     S  I
M      O  N  L     R     H  N
P      R  N  A     U        A
K      P  E  N     T        C
I      S  L  T              H
N         S  S  E  R  C  C  A  R  R  O  T
          P  O  T  A  T  O
    C  H  I  V  E
       B  R  O  C  C  O  L  I
```

ZODIAC SIGNS
Puzzle # 58

```
              L  I  B  R  A
       G  E  M  I  N  I  P  S
                      E  A
       T  A  U  R  U  S  R  G
       E           O  S  I  P  R        C
       T           G  O  T  I  E  O     A
A      A  Y        R  N  T  E  C  I     P
Q      D  G           I  A  A  C  N  P  R
U      H  O        A  V  L  R  E  A  R  I
A      T  L        R  I  I  S  C  O     C
R      R  O        I  T  U        C     O
I      I  R        E  Y  S        S     R
U      B  T        S                    N
S         S     C  E  L  E  S  T  I  A  L
          A     L  E  O
```

OLYMPICS
Puzzle # 59

```
                  B  R  O  N  Z  E
       S     E  R  O  C  S  C
T   L  S     C           H        C
R   A  T     O           A     O
O   D  R     U           M  M  M
P   E  O     N           P  U
H   M  P     T        E  I           C
Y      S     R     T  D  O        E
       A     I  E  A     N  P  R
    G  T     E  T        O  E     R
    O  H  T  S        D  M     E
    L  L  R        I  O     V
    D  E  A     U  N     L
       T  T  M  Y     I
       E  S     S
```

COLORS
Puzzle # 60

```
                              C  Y  A  N
                   I  K  A  H  K
       C     P  U  R  P  L  E     T        G
       O                 N  R  N           R
       R                 O  E  I           A
       A     G  R  E  E  N  M  V  M     T  Y
       L                    L  L        U
       T  E  L  O  I  V     A  I        R
                      S  S           Q
    T              E              K  O
    E  E  T  I  H  W  L        J  C  I
       A              L  A        A  S
          L        D  O           L  E
             E        W  B
```

COOKING UTENSILS
Puzzle # 61

SANTA
Puzzle # 62

SKI TRIP
Puzzle # 63

WILD ANIMALS
Puzzle # 64

WAYS TO COOK EGGS
Puzzle # 65

```
    E O D E V I L E D
    H M     S T E A M     S
  C C E             A
  D L   I L           T
  E S O   U E       A O
  I U U   Q T B T V   S D
  R N     D   A T E   O C E
  F N       S I R   F   R L
    Y     T R E   T     A I
    S   E F A   B     B M O
    I D   S   O     A   B B
    D   Y   I     K     L D
    E     L     E       E R
    U   E     D         D A
    P D     S O U F F L E H
```

GARDEN
Puzzle # 66

```
              R E N E D R A G
  S     W         S           T
    R   A         P   W       S
      A T S       A   O       E
      G   E   D   D   R G     V
      A   R H   E E     R R   R
  O R   I     S S E   A E     A
  U D   N       H T S B E     H
  T E   G       O S   L N
  D N   C       V O   E H
  O H   A       E P   E O
  O O   N       L M   H U
  R S           O   W S
  S E S O I L     C       E
        E K A R S N A I L S
```

ZOO
Puzzle # 67

```
          P P   E       K
        Y E   S K A   O
      T N   I A R   A
    H G   O N M   L   K
  O U   T G A   A   C
M N I   R A D       O
A N   O R I C R O C O D I L E
C   T O L       A
A   O L     E
W   O     P
    P O L A R B E A R
  C H E E T A H O S T R I C H
    O T T E R
    M A N A T E E
      M E E R K A T
```

EARTH DAY
Puzzle # 68

```
                        T
    E   O X Y G E N     N T
  O V   R             E T A
  Z R   E           M R   T
  O E   C   P L A N E T   I
  N S   Y       O E       B
  E N   C     R S     P C A
R O   L   I       O R I   H
E C   E V T   L E     T   C
U     N R E L D       S   L
S     E A A U U       A   I
E     S R T C         L   M
    H T I E           P   A
    H O P U N A E L C     T
    N                     E
```

ARTS AND CRAFTS STORE
Puzzle # 69

	S		S	E	H	S	U	R	B	C			
		R					H					S	
			E				A				T		R
				K		R			E				E
E		R		R	C			N		G			N
M	E		P	O	A	A		C		L		W	E
B		S		A	E	C	M	I		I		A	P
O		I	L		R	N	L		T			T	R
S		N		Y		C	T				S	E	A
S			L			E	I			A		R	H
		I			R			L	V			C	S
	C							N				O	
	C	A	L	L	I	G	R	A	P	H	Y	L	
						C						O	
			N	O	Y	A	R	C				R	

EASTER
Puzzle # 70

L			S									
	E			G								
N		T		C	H	N	S					
O			S		H	C	I	P	B	U	N	N	Y
I	B			A		O	R	L	I				
T		A			P		C	U	K	L			
I		B	S				O	H	C	U			
D	Y		O	K			L	C	U	T			
A		A		N	E		S		A		D		
R		S	D		N	T	F	U		T			
T			P	I	E		A	H	N		E		
			R	L		T	M	S	A	D			
				I	O		I	G		T	A		
			N	H	L	G				C	Y		
			G	Y	E						H		

BABY ANIMALS
Puzzle # 71

			D				J	O	E	Y	
		A		U	T						
			I	H	C	A					
		T		R	A	K	D	C	H	I	C	K
		E			C	T	L	P	A		
	O	W	L	E	T		C	I	O	L	
		G					I	H	N	L	F
		A					N	L	G	E	
		E						F	I		
			G	O	S	L	I	N	G	A	N
F		P	U	P	P	Y				N	G
O		L									T
A		A									
L	M					F	A	W	N		
	B			N	E	T	T	I	K		

SPORTS
Puzzle # 72

M		G	S		S		S		B
A		N	L	I	P	F	C		A
R		I	L	N	E	O	I	S	S
A		T	A	N	E	O	T	W	K
T		F	B	E	D	T	S	I	E
H	B	I	Y	T	S	B	A	M	T
O	A	L	E	E	K	A	N	M	B
N	D	T	L	L	A	L	M	A	I	A
S	M	H	L	B	T	L	Y	R	N	L
Q	I	G	O	A	I		G	C	G	L
U	N	I	V	T	N		H		
A	T	E		G		E			
S	O	W				R			
H	N					Y			

PIRATES
Puzzle # 73

```
      T U O E D I H
                  O
          S C Y C R
          W A R E I     P
          O P E A A         A
  S       R T B N S         R
  L   D A B     R     D     R
  E   I O   O     C     L     O
W N R   C P       O       O T
  E       W   L       I     G
  J           E   A       N
  E R U S A E R T N         S
    S H O R E   C   K
        H C T A P E Y E
        S K U L L
```

FLIGHTLESS BIRDS
Puzzle # 74

```
    L   E                       
    A B T               A       K
    E   A               E U
    R T   K             A H
    W G   L   A         T M       R
    E A       L   H A       O
  Y K C         E E E           A
O R A A       R B         O
S A   C     G       P P       E
T W   I             A M       M
R O   T     D   K       A U
K I S   I   O   A           C
I C S T D   K P E N G U I N
W H A   O G U A M R A I L
I   C
```

SAFARI
Puzzle # 75

```
  T           B I S O N     L     O
    N                   A         G
    N A             E     N       N
    O   H       L     D           I
    I       P L     S B           M
    T       E E C     I           A
V   A   Z     A L     N           L
U   R A P       E O             F
L   G A E S O R E C O N I H R
T   I   F             U     M
U   M       R         L P
R               I         A
E   X Y R O       C L R
S               A A S
      A N T E L O P E
```

DESSERTS
Puzzle # 76

```
  B   E I P E L P P A       M
  E C O O K I E S       U
    L               F S
    G       P     F U
O B     I U     I     N
R   D A     N       D
O R D     N       A
N W I U     S W     E       S
O N     H O   E A           C
B G I     R C M K D F       O
N E   B E O   A   A F       N
O   E U G   C     N L       E
B T   S     D P       I E
    S             U         S
  E             C F         H
```

OUTSIDE YOUR WINDOW
Puzzle # 77

WEATHER
Puzzle # 78

SCHOOL SUBJECTS
Puzzle # 79

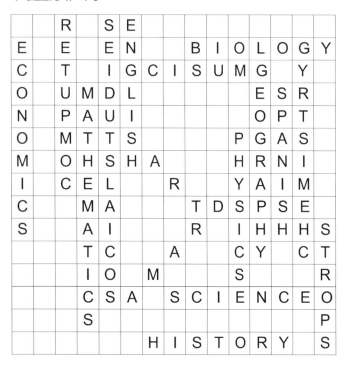

CHOCOLATE
Puzzle # 80

PARTS OF THE BODY
Puzzle # 81

```
      S F O R E A R M
E     T     C H E S T
Y     O
E     M
B   F A     C     E       N
R   O C     T H L         O
O     R H   S   B E       S
W   R E I   O W A E T     T
    E   R H W N A H K     R
    D W     E K   I I H   I
    L       L A G   T S   L
    U     E   H D U       T
    O         O
    H         M E U G N O T
    S   F I N G E R
```

INSECTS
Puzzle # 82

```
  S           B
  I       H E     M
  T   F L E A   O E     O
  N       G     T U T     T
  A       R Y   E S L     H
D M       A H L   R E E
R G       S M C   F   M F
A N       S O T A   E   I L
G I L     H S E O   R   T Y
O Y A L   O Q     N R   I   E
N A D O   P U       R K   F
F R Y C   P I         O C
L P B U   E T         H O
Y   U S   R O T E K C I R C C
    G T
```

PIZZA DELIVERY
Puzzle # 83

```
      B C
  S       A   H
  S L     S   E S       P
  E   I   F I C E       E O
  O T C L T O L   S P   R
M T S   O E O       P E O D
O A U U   T P     E     N E
Z M R   E P   R C     I R
Z O C R     I O   I     O I
A T       N     L     N T
R       I G     R     S A
E       S     A     A L
L             G     U I
L M U S H R O O M     C A
A                   E N
```

WORLD WONDERS
Puzzle # 84

```
  T
O E S T O N E H E N G E
L M     A E D   N         L
Y P G M M I P I   O       L
M L   R U A R H M   L     A
P E   A E U D E A   Y     W
I O   C S N S S N S R   B T
A F   O B   D S O A U Y   A
  A   L M     C O L X S P E B
  R   O O   G   A L E E   R
  T   S C   I     N O U L G
  E   S A   Z     Y C M A
  M   U T   A         O
  I   S A             N
  S       C
```

MUSHROOMS
Puzzle # 85

```
. . . . I B P S E R O P S
I . . K . U O . . O . . S
J . O . M T R . . Y . H .
E . N . O . T C . . S I .
M E . R . O I . . . T . . C
I . E . . N N . . A E . H .
H L . . . . I . K . R A .
S . . . . . E . . M . R .
. O L L E B O T R O P G E T
. . . F . . . I I S . R .
. . . U . . G L A . I U .
. . N . . N L E . D . F .
. G . . O S R . G . . F .
. I . . N . G E . . . L .
W O O D E A R S . . . E .
```

HOT CHOCOLATE
Puzzle # 86

```
. . . . . . S . . . . . .
. . . . T . . . M . . . .
. . T E E W S . A . . . .
. R . A . . H . F R . . .
M . E M . . I . I S . . .
I . . T . . P . R H . . .
L B . N . . P . E M . . .
K . E . I . E . P A . C .
. C V . . W D . L L Y A E
. . R E . . . . A L M F N
. S . E R . . D C O M E J
. . T . A A . R E W U . O
. . . O . M G . I S Y . Y
. . . V . . E . N . . . .
. R I T S E . . . . K . .
```

FLOWERS
Puzzle # 87

```
. P . . . . . . . . . . .
B A . . N O I T A N R A C . D
E N . . O R C H I D . . . A
G S . . S U N F L O W E R N
O Y . D P . . . . . . . D
N . . L . E . . D A I S Y E
I . . O C H R . . . . . L
A A . G A Y B I . . . . I
. V . I L D . L W . . . O
. E . R I R . D U I . . N
. N . A L A . A E N . .
. D . M N . . H B K . .
. E . . G . . . L E L .
. R . . E . . . . I L E
. . . . A . . . . A L
```

ARCADE
Puzzle # 88

```
. . . . . . . . . . K . .
. . . . . . . . D C . N .
. . . . . . . I U O . .
. . . N . . P T . I E .
S K I L L O . R S . T . . L
. S . . . I Y . C . . .
. Y C . Z O T A . E . . F
P . G O E J . . A . X . I
R . O E R . . M C N B P
E . B . T E . . S I U . O
S . J . S A . . T S T N . I
S . E . N . R A H T I . A N
. C . I . R T O . N . . T
. T . O T . N S . G . . S
. S . C . S . . . . . .
```

RAINBOW
Puzzle # 89

HOBBIES
Puzzle # 90

SNACKS
Puzzle # 91

A VISIT TO THE DENTIST
Puzzle # 92

TREE HOUSE
Puzzle # 93

		Y	R	O	T	S		L		H
		C				A				I
			O		D					D
			N	D	T	S				E
S			E	S	S	U	E			O
	E		R		T	W	O	C		U
	F	H		P		R	O	P	R	T
	O	C		S	A	S	U	D	E	E	S
		R	N		W	I	K	C	N	E	T	E
		B	T	A	S	I	N	N	T	I	K	V
			O	T	R		N	T	A		W	A
			A	A		B		G		L		E
		I		R						P	L
		R				D
	S

MAGIC SHOW
Puzzle # 94

	I	L	L	U	S	I	O	N				
									A			
			W	G					U			
	T		F	B	A	L			D		B	
		N		L	O	N	A		I		U	
		A		O	W	D	S		E		N	
			T		W	C		S	N	M	N	
				S		E	A		C	A	N	
					I		R	G	E	G	Y	S	N
S	K	C	I	R	T	S		S	E	I	W	C	O
T	E	R	C	E	S	S				C	I	A	E
					A			I	Z	R	G
						A	A	F	I
						N	R		P
	M	I	R	R	O	R				D

WORLD CUP
Puzzle # 95

		C			P	E				
		O			E	E	L	S	M	A	E	T
		M			N	T		K
R		P	R		A	U			C
E		G	E	E	S	L	T			A
D		O	T	F	R	T	I				T
A	R	A	I	E	E	Y	T		C	A	T	C	H
E	E	L	T	R	Y		S	W				D
H	N	K	I	E	A	O	B	H			R
	R	E	O	E	L	F	U	I		I
	O	E	N		P	F	S	S		B
	C	P			S		T	B
	E				I		L
	R				D	E	E
					E	J	E	R	S	E	Y

CHEESE
Puzzle # 96

								H		
								A		P	R
	A	T	T	O	C	I	R		L	R	A	O
									L	E	R	M
			A	D	U	O	G		O	E	M	A
M			H	A	V	A	R	T	I	U	N	E	N
A	B	L	U	E	C	H	E	E	S	E	M	A	S	O
D	E	R	E	Y	U	R	G			I	P	A
E		C	A	M	E	M	B	E	R	T		N
			C	O	L	B	Y	J	A	C	K
		C	O	T	T	A	G	E
				S	W	I	S	S
	M	O	Z	Z	A	R	E	L	L	A
		R	A	D	D	E	H	C

AROUND THE HOUSE
Puzzle # 97

P								C	A	R	P	E	T
A	Y	R	D	N	U	A	L	E	G	A	R	A	G
N					P	I	L	L	O	W	S		
T	B	A	T	H	R	O	O	M					
R			S	H	O	W	E	R	T				
Y		B	E	D	R	O	O	M		N			
	F								E				
K	I		G	N	I	N	I	D		M	W		
	I	P	R	C					E	I			
		T	O	E	U				S	N			
		C	R	P	R				A	D			
		H	C	L	T				B	O			
		E	H	A	A					W			
		N		C	I								
		E	N										

ANCIENT EGYPT
Puzzle # 98

B	U	R	I	A	L	N							
						I							
			P	K		O	L		T	O	M	B	
K	I	N	G	S	H	S	S		E		T		D
	I		S		A	I		R		L			
D	N		D		R	L	E		O				
A	E		G	I		I	A	E	G				
N		S		D	X	M	S		O	B			
U			E	N	O	U	A			H	O		
B			I	R	R	M		R			T		
I		H		E	T			Y	E	E			
S	P							S	P	M			
S						R			P				
					U				L				
T	O	I	R	A	H	C			E				

JEWELRY BOX
Puzzle # 99

	B					C		C			W	
		R			H		U		C	A		
			O		A	F		H	T		E	
			O	I	F	O	C			M		B
			N	C	L	K	H		E			A
	P			I	H	E		R	B			N
		E	N		R	C	A	E	R			G
C		K	N		R	L	C		A			L
H	R	S		D	Y	D	A		C			E
A		O		S	A	L		T	E	L		
R		R	T	K	N		O	L	R			
M		A	R	C		T	P	E	A			
	L	E	I			A	T	E				
	N		M		Z	P						

WATER PARK
Puzzle # 100

S				F	T	L				S	
P		L	T		F	O			U		
L	O	I		A	O		N				
A	A		U	W	W	R	P	G			
S	T	S	A	A		L					
H		M	T	V	A						
		I	E	E	F	D	S				
	T	W	R	S	L	M	S				
S	E	S	S	I	I	U	E				
L	K	L	P	S	N	S					
I	C	I	F	S	B						
D	I	D	L	I	L						
E	T	E	O	O	O						
R	E	V	I	R	Y	Z	A	L	P	N	C
								S		K	

Made in the USA
Coppell, TX
12 July 2023

19027078R00072